MARKUS LEDERLEITNERS

# Garten Geheimnisse

MARKUS LEDERLEITNERS

# Garten Geheimnisse

GELÜFTET VON RUTH WEGERER

MIT 225 PHOTOGRAPHIEN VON SIMONE ANDRESS, HELMUT EBNER & INGE PRADER

STILVOLL & NATURBEWUSST GESTALTEN, BEPFLANZEN & GENIESSEN.

Verlag Christian Brandstätter

# Inhalt

Damit sich grüne Wiesen in verträumte Gärten verwandeln müssen Wünsche und Wissen sich vereinen.

Aus den Landschaften der Seele entstehen manchmal idyllische Zaubergärten.

Die unendliche Vielfalt der Natur ist Inspiration für immer neue Gartenbilder.

# »WAS IST DAS GEHEIMNIS?«

DAS FRAGEN BESUCHER OFT, WENN SIE IN EINEM LIEBEVOLL GESTALTETEN GARTEN ZU GAST SIND, WO VOM ZEITIGEN FRÜHJAHR BIS ZUM SPÄTEN HERBST IMMER ETWAS BLÜHT, WO DAS GRÜN DES BLATTWERKS EIN ABWECHSLUNGSREICHES FARBENSPIEL BIETET UND WO JEDE MÖGLICHKEIT GENUTZT WURDE, MIT GÄRTNERISCHER KUNSTFERTIGKEIT UND VIEL LIEBE AUS EINEM FLECKCHEN ERDE DAS PERSÖNLICHE PARADIES ZU SCHAFFEN.

Paradies oder Eden wird der Garten gerne genannt und auch sonst wird in vielen Gartenbüchern mit romantischen Bezeichnungen wie Gartenträume oder Gartenglück nicht gespart. Doch der erfahrene Gärtner hat mit Romantik erst etwas am Hut, wenn das Werkzeug wieder im Schuppen landet, ein kleiner Blumenstrauß in der Vase steht und er sich auf der Gartenbank zum Bewundern seines Werks ausruhen kann!

Als ich selbst vor ungefähr 13 Jahren anfing, in meinem ersten Garten herumzuexperimentieren, gab es rundherum nur gärtnerische Wüstenei. Ausgefallene Pflanzen waren nur durch Zufall oder von mitfühlenden Nachbarn zu bekommen und die Gärtnereien führten hauptsächlich Zimmerpflanzen, Sommerblumen fürs Fensterkisterl oder alpine Raritäten für den ambitionierten Pflanzensammler. Da erzählte mir Anfang der 90er-Jahre eine Freundin von einer Gärtnerei in Niederösterreich, die ein unglaubliches Angebot an Pflanzen, praktischem und schönem Zubehör und die verschiedensten Gartenmöbel im Sortiment haben soll. Schnurstracks fuhr ich in das kleine Örtchen Atzenbrugg – eher bekannt durch Franz Schuberts gleichnamige Tänze, weniger durch Gärtnereien – und war überwältigt! Hier war es, mein Gartenparadies, nach dem ich bisher vergeblich Ausschau gehalten hatte. Profane Glashäuser hatten sich in romantische Wintergärten verwandelt, grün beschürzte Elfen sorgten als Floristen verkleidet für immer neue spektakuläre Arrangements und überall erfreuten Korbmöbel und sommerliches Dekor das Auge. Riesige Zitruspflanzen und andere exotische Besonderheiten säumten Wege und Gartenzimmer und auch die Pflanzenauswahl war einfach erstaunlich. Wunderbare Rosen von

**v | ABBILDUNGEN:**
Beruf und Berufung gehen bei Markus Lederleitner und Ruth Wegerer nahtlos ineinander über. Für den Gartengestalter ist sein eigener Garten primär Refugium, aber auch persönliches Experimentierfeld und die Wohnjournalistin hat durch ihre Gartenleidenschaft ihr Betätigungsfeld wesentlich verändert. Denn im Garten lernt man immer etwas dazu.

ausgezeichneten Züchtern, besondere Gehölze in jeder Größe, ein immer wieder wechselndes Angebot an Stauden und ungewöhnlichen Kletterpflanzen, dazu wirklich schöne Pflanztöpfe und dekoratives Zubehör und das alles in einem wahrhaft poetisch gestalteten Umfeld – es war das reinste Eldorado für mein pochendes Gärtnerherz.

Aus einem Familienbetrieb heraus, der hauptsächlich Gemüse, Nelken, Primeln und Muttertagsblumen produzierte, hat Markus Lederleitner seine Träume verwirklicht, hat mit seiner Leidenschaft für die Gartenkunst einen blühenden Ort der Begegnung geschaffen. Heute hat sich die gärtnerische Szene in Österreich grundlegend verändert. Einer der Impulsgeber war und ist Markus Lederleitner. Jahrelang liefen wir uns in einer seiner grünen Inseln immer wieder über den Weg. Eines Tages wollte ich es genauer wissen: Was steckt hinter der Fassade des smarten jungen Mannes mit dem Image des Trendsetters? Was ist sein ganz persönliches Gartengeheimnis? Sein eigener Garten, besser gesagt die Gartenlandschaft, die Markus Lederleitner für sich und seine Familie in einer sanften Hügellandschaft angelegt hat, spricht zwar schon Bände, aber ich wollte es noch näher erforschen, – das Lederleitnersche Gartengeheimnis.

So ist die Idee für diesen Bildband entstanden, ein Bildband der mehr sein soll als ein weiterer Gartenratgeber in den Regalen, der das Tor öffnen soll zum geheimen Garten der Wünsche, den Wünschen nach Harmonie und einem Leben in Einklang mit der Natur.

Die Leidenschaft für den Garten verbindet uns jetzt seit einigen Jahren und es entwickelte sich immer wieder ein reger Austausch über unsere so unterschiedlichen Zugänge. Neben meiner Tätigkeit

> VIEL

v | **UNTEN LINKS:**
Alles Leben im Garten – das Werden und Vergehen von Tier- und Pflanzenwelt – erhöht die Aufmerksamkeit und Sensibilität des Gärtners zu jeder Jahreszeit.

v | **UNTEN RECHTS:**
Die Faszination der ständigen Veränderung, die Beobachtung und die Zuwendung, die der Garten seinem Gärtner abverlangt, sind der Weg, der zum blühenden Ziel führt.

als Gartenjournalistin gebe ich mich seit vielen Jahren der Hausgärtnerei hin. Der Garten ist für mich – buchstäblich und auch philosophisch – der Mittelpunkt meines Lebens geworden. Das machte mich neugierig, ich wollte wissen was ein Gärtner der jungen Generation so alles auf Lager hat – erstens für sich und seinen eigenen Garten, dann für die Gärten, die er seinen Kunden entwirft und zu guter Letzt für alle interessierten Gartenliebhaber. Was macht den Unterschied aus zwischen Profigärtner und gärtnerischem Liebhaber? Was ist das Geheimnis? „Eigentlich", sagt Markus „gibt es kein Geheimnis, jeder kann einen guten Garten haben, jeder der eines sicher weiß: Man muss es tun! Den Garten kann man nun einmal nicht bestellen wie eine Wohnzimmereinrichtung. Der Garten verlangt den ganzen, an Natur und der Gartenkunst interessierten Menschen. Der wird ja dann auch belohnt für seine Hingabe, sein Interesse und seine Zuwendung. Nichts gibt Aufmerksamkeit und Liebe mehr zurück als der Garten. Der blüht uns dann täglich sein Dankeschön!"

In diesem Sinne haben wir dieses Buch gestaltet, mit unserer ganzen Aufmerksamkeit und Liebe zum Garten. Wir wollen all das vermitteln, was wir selbst am Garten so mögen: Schönheit, Genuss und Harmonie. Im Zusammenspiel von menschlichen Einfällen und den Abläufen der Natur entstehen sie ganz wie von selbst.

## VERGNÜGEN BEIM VERTIEFEN IN DIE GEHEIMNISSE DER GÄRTEN!

*Markus Lederleitner & Ruth Wegerer*

< | **GEGENÜBER:**
Cottagegärten oder Stadtoasen, wilder Naturgarten oder gezähmte Parklandschaft, im Garten ist alles erlaubt. Das Spiel mit Farben und Formen, das ungezähmte Ausleben der Phantasie in ständiger Auseinandersetzung mit den Abläufen der Natur führt zu Glückserlebnissen der ganz besonderen Art.

# 1. Geheimnis



## Was ein guter Garten braucht – Gestaltung mit Esprit

WAS EIGENTLICH IST EIN GUTER GARTEN? WAS ZEICHNET EINEN GUTEN GARTEN AUS? HAT ES ETWAS MIT DEN STILMITTELN ZU TUN, MIT DENEN DER GESTALTER ARBEITET, MIT DEN MATERIALIEN – NEIN, SCHON EHER MIT CHARAKTER, SEELE UND IDENTITÄT. EIN WIRKLICH GUTER GARTEN KANN FORMAL GESTALTET SEIN, MIT HECKENTHEATER UND PARTERRES, NATURNAH MIT WOGENDEN GRÄSERN UND DEM FARBENSPIEL DER STAUDEN ODER GANZ ZEITGEMÄSS MINIMALISTISCH GRÜN IN GRÜN.

Unter einem guten Garten versteht man, wenn Form und Inhalt gleichwertig eingesetzt werden. Eine Ansammlung von ausgefallenen Pflanzen verliert ihre Wirkung durch willkürliche Platzierung und ein baulich interessanter Platz wirkt ohne die passende Bepflanzung belanglos. Es ist das alte Spiel des Miteinanders, welches einen guten Garten auszeichnet, egal ob er durch englische borders, barocke Formschnittgehölze oder das wilde Gewusel von Gräsern bestimmt wird. Nur durch die adäquate Symbiose von Form und Inhalt entsteht ein Platz zum Wohlfühlen, zur Entspannung und zur Entfaltung der eigenen Kreativität. Die Natur, auch die von uns als heile Welt gestaltete „Kunstnatur", ist immer ein Ort des Rückzugs und der Erholung. Das Geheimnis ist die Wahrnehmung des Ortes, das Erkennen der Möglichkeiten und des eigenen Ichs, der Mut zur Durchsetzung von Visionen, aber auch

< | **GEGENÜBER:**
Ruhe und Ordnung können durch die Gliederung in verschiedene Ebenen und durch die Gestaltung mit grünen sowie blühenden Pflanzen entstehen.

v | **UNTEN:**
Hier die naturnahe Variante: Wasser, Stein und Pflanzen bilden eine natürliche Einheit, die durch die Brückenfunktion der Steinplatte gewahrt bleibt.

der Mut zum Irrtum. Dadurch, dass sich im Garten laufend alles verändert muss man viel flexibler mit der Materie umgehen als beispielsweise in der Architektur. Ein Haus braucht vielleicht alle paar Jahre einen frischen Anstrich und etwaige Reparaturen fallen an, aber wenn es steht, dann steht es. Der Garten hat grüne Bausteine, die sich dem Willen des Gestalters manchmal entziehen und daher größere Aufmerksamkeit verlangen. Natürlich kann ein Gartenbesitzer einfach vor seiner Terrasse eine pflegeleichte Rasenmischung aussäen, den Maschendrahtzaun mit einer Hecke aus

**> | RECHTS:**
Durch den alten Hausbaum ist ein Schattenplatz entstanden, der für den hausnahen Sitzplatz zum idealen Standort wurde und mit der schattenverträglichen Bepflanzung rundherum ein harmonisches Bild ergibt. Links und rechts führen verschiedene Wege in andere Gartenbereiche.

**> | GEGENÜBER:**
Eine interessante Gestaltungsmöglichkeit ist der Senkgarten. Eine natürliche Senke im Gelände oder ein beabsichtigter Aushub wird so zu einem separierten Gartenteil mit eigener Funktion, wie hier dieses als Senke gestaltete Kräuter- und Blumengärtlein am Rande einer Gehölzgruppe.

## DIE INTUITION DES GÄRTNERS IST SO WICHTIG WIE DIE PLANUNG.

Nadelgehölzen verdecken und ein, zwei Rosenbeete vor dem Sitzplatz anlegen. Das ist dann alles Mögliche, für manche auch ein Ort der Entspannung, aber nach den strengen Maßstäben der Gartenkunst definitiv kein Garten!

Die Gestaltung beginnt bei der Strukturierung der Möglichkeiten: Wie viel Platz ist vorhanden, wie groß ist der Abstand zum Nachbargrundstück und wie kann er am besten genutzt werden? Wo lege ich Wege an die Sinn machen und welches Material ist dafür am besten geeignet? Sollen oder müssen gröbere bauliche Veränderungen durchgeführt werden, etwa Terrassierungen, eine Grube für einen Senkgarten, ein

**> | RECHTS:**
Ein großer, stabiler Baum, wie etwa ein eine Kastanie *(Castanea)* oder eine Kiefer *(Pinus)* sind die Voraussetzung zur Erfüllung dieses Kindertraums. Doch nicht nur Kinder lieben diese spezielle Art des Gartenhauses, dessen Variationen vom einfachen Ausguck bis hin zum komfortablen „hideaway“ mit Kochstelle und Doppelbett reichen. Ein Baumhaus ist d a s Refugium schlechthin und anstelle einer Treppe kann man auch eine Strickleiter verwenden – schon ist man unerreichbar.

**> | GEGENÜBER OBEN:**
Jede Ebene einer Terrasse hat eine andere Funktion und der Sitzplatz mit Aussicht von ganz oben krönt die gelungene Problemlösung. Die Pflanztröge werden auf die Mauer gestellt oder gleich in die Mauer integriert.

**> | GEGENÜBER UNTEN:**
Natursteinmauern in unterschiedlichen Farbnuancen machen ein gestaltetes Gelände erst lebendig. In die Steinritzen gepflanzte kleinwüchsige Kräuter oder Farne unterstreichen diesen Eindruck. Stufen eignen sich besonders gut zur Aufstellung verschieden großer Töpfe.

Wasserbecken oder einen großen Schwimmteich? Bei einer großen Fläche kommen andere Kriterien zum Tragen als bei eingeschränktem Platz, aber die Größe eines Gartens ist nicht wirklich wichtig.

Ausschlaggebend ist, wie die Fläche eingeteilt wird, was also aus ihr herausgeholt werden kann, und ebenso die Beziehung zu bereits bestehenden Gebäuden. Ist ein wirklich großes Grundstück vorhanden, kann man einen zeitgenössischen Landschaftsgarten mit Blickachsen und Wasserbecken in Erwägung ziehen, ähnlich einem modernen Park. In kleinen Gärten ist es wichtig neben der räumlichen Unterteilung die Vertikale zu beachten, etwa Säulen und Rankgerüste als Basis für Kletterpflanzen. Die Details

Lederleitner-Tipp | 01

## Hoch hinauf

Hanglagen bieten enorme Möglichkeiten, besonders die sonnigen Südhänge. Die überaus reizvollen Gestaltungsmöglichkeiten, die sich durch die Terrassierung eines Hanges ergeben werden jedoch viel zu wenig genutzt.

Blumen- oder Gemüseterrassen erleichtern die Gartenarbeit aber erheblich und bieten sonnenliebenden Pflanzen einen idealen Platz. Wie bei der Weinkultur auf Steilhängen werden zur Stützung Trockenmauern eingesetzt, die die Pflanzebenen unterteilen und gleichzeitig ideale Hintergrundsituationen für Sitzplätze oder Wandbrunnen schaffen. Diese Mauern sind exzellente Wärmespeicher und mit Steingartengewächsen oder Würzkräutern bepflanzt charmante Architektur. Auf schmalen Wegen oder Stufen kann man die Terrassen durchwandeln und als Krönung in einer schützenden Pergola seinen Ausblick auf den Garten genießen.

^ | **OBEN:**
Zäune braucht man zur Trennung verschiedener Bereiche, aber auch als Stützmöglichkeit. Sie erfüllen perfekt die Funktion der Abgrenzung und bieten idealen Windschutz.

sind ja immer individuell, von Garten zu Garten, von Mensch zu Mensch verschieden. Ausschlaggebend für die Wahl von Baumaterialien und Pflanzen ist neben allfälligen Wünschen und Vorstellungen auch die nähere und weitere Umgebung. Ein neu erbautes Haus mitten in den Feldern lässt einen anderen Spielraum zu, als ein über Jahrzehnte oder Jahrhunderte gewachsenes Umfeld. Ein Fleckchen von Reihenhausgarten mit Nachbargärten links und rechts wird anders angelegt als ein Stadtgarten hinter Häuserzeilen. Ein steiler Hanggarten braucht einen anderen Zugang als ein Grundstück im flachen Land und eine Neugestaltung verlangt ein anderes Konzept als die Wiederherstellung oder Belebung eines alten Gartens. Doch für den Gartenarchitekten ist es besonders wichtig, seinen Bauherren von der Planungs- bis zur Entstehungsphase zu begleiten, dessen Visionen durch eigene Erfahrung und Kreativität Gestalt

^ | **OBEN:**
Kontraste wie hart und weich, starr und beweglich bringen lebendige Lösungen. Durch den Formschnitt der Buchskugeln *(Buxus)* und die Ranken des Efeus *(Hedera)* wird hier die Strenge des Eisenzauns erheblich gemildert.

zu verleihen und ihn über die zu erwartende Pflege der Anlage ausführlich zu informieren. Denn nicht jeder Gartenbesitzer hat von Beginn an einen grünen Daumen. Wenn der Gestalter den Garten verlassen hat, ihn in die Hände seines Besitzers überantwortet hat, dann erst kann der „gute Garten" langsam entstehen – etwa durch das Ansiedeln von Moos in den Fugen der Steinplatten, durch die Patina, die irgendwann von selbst auf Töpfen und Flächen erscheint, durch die Unterpflanzungen des Topfgartens, durch das Wachstum der Pflanzen in den ersten fünf Jahren, durch das Aufstellen von Kunst wie etwa Skulpturen aus Eisen oder dekorative Amphoren und immer durch die Eigendynamik im Zusammenspiel zwischen Mensch und Garten. Denn zu den Elementen der Gestaltung gehört neben den Pflanzen, Holz, Stein, Klinker und Metall auch eine Portion Eigen-Sinn bzw. Selbstwertgefühl. Ein guter Garten hat einen

**< | GEGENÜBER:**
Pavillons oder Gartenhäuschen sind für den Garten unentbehrlich. Wo die Platzmöglichkeiten nicht gegeben sind, tut's auch ein überdachter simpler Sitzplatz.

hohen Wiedererkennungswert, er muss die Persönlichkeit des Gartenbesitzers widerspiegeln. Wenn man beispielsweise erzählt bekommt – „Gestern bin ich in Buchbach an einem tollen Garten vorbeigekommen, das muss der von Frau L. sein." – dann ist das stimmig und sicher ein Garten, der seiner Besitzerin große Freude macht und in dem sie sich wieder findet. Denn die Freude am Gärtnern ist sicher das wichtigste aller Gestaltungselemente! Die Freude überwindet die körperliche Anstrengung, die Freude hat Nachsicht mit Wühlmäusen und Rehen, mit Blattläusen und naschhaften Raupen, sie überwindet sogar die Wut auf die schrecklichen Schnecken. Die Freude ist der Antrieb, jedes neue Jahr zum eigenen Gartenjahr zu machen.

## EIN GUTER GARTEN BRAUCHT SEELE, CHARAKTER UND IDENTITÄT.

**> | LINKS:**
Auch so romantisches Dekor wie dieser tönerne Gartenzwerg, gegossen aus einer historischen Form, hat seine Berechtigung, ist er doch wahrlich ein Symbol für den Gärtnerfleiß.

**> | RECHTS:**
Gartenobjekte wie diese Steinskulptur verstärken die Stimmung, die durch das Blattwerk der Pflanzen im Hintergrund entsteht.

**> | NÄCHSTE SEITE:**
Durch die Kombination von Klinker, Kieseln und Rasenflächen in weicher, geschwungener Form entstand ein Gartenbild von ganz eigenem Zauber.

**> | DIESE SEITE:**
Direkt auf den Rasen gestellt kann diese Gartenbank aus Teak im Freien überwintern – ein idealer Ruhepol zu jeder Jahreszeit.

**ABBILDUNGEN GEGENÜBER:**

**> | OBEN:**
Eine originelle Lösung zeigt diese steinerne Bank. Umwachsen von einer in Form geschnittenen Buchshecke ist sie das ganze Jahr über ein hübscher Blickfang.

**> | UNTEN LINKS:**
Für Sitzplätze, die regelmäßig benutzt werden, empfiehlt sich ein befestigter Boden wie hier eine kreisförmige Pflasterung.

**> | UNTEN RECHTS:**
Vor der schützenden Hausmauer unter einer mit Weinranken bepflanzten Pergola ist ein beliebig erweiterbarer Sitzplatz entstanden, der zu jeder Tageszeit den Blick über den Garten freigibt.

Lederleitner-Tipp | 02

## Platz für den Sitzplatz

Abgesehen von einem großen Sitzplatz beim Haus, auf einer Terrasse oder in der Wiese sollte jeder Garten mehrere verstreute Sitzmöglichkeiten bieten. Verschiedene Aspekte zur Lagebestimmung wären dabei zu beachten: Sucht man Geborgenheit und will den Platz als Rückzugsgebiet nutzen, so braucht man eine Mulde oder eine Laube mit Rückendeckung. Interessant ist auch zu überlegen – wohin fällt mein Blick? Ins freie Land, auf die zarten Blüten einer Rabatte, auf den Teich oder das Haus? Denn aus jeder Perspektive hat der Garten ein anderes Gesicht, das zum Verweilen und Beobachten einlädt. Die verschiedenen Gartensitzplätze können aus einer modernen Bank bestehen, einer kleinen Gruppe von Eisenstühlen mit Tischchen, aber auch ganz einfach – aus einem behauenen Sitzstein, einem bemoosten Baumstumpf oder einer Schaukel im Baum.

# VON JEDEM GARTENSITZPLATZ AUS NEUE ENTDECKUNGEN ERLEBEN.

1

2

3

Lederleitner-Tipp | 03

*Auf allen Wegen*

*Wege können strukturierendes Gestaltungselement sein oder einfach nutzbarer Pfad, der sich der Bepflanzung anpasst und unterordnet. Wegführungen für formale Gärten schaffen in erster Linie Flächen, um Achsen oder Blicke zu akzentuieren und eigene Zonen zu schaffen.*

*Der Nutzweg im Landschaftsgarten muss sich gekonnt der flächigen Bepflanzung anpassen. Gartenflächen werden so weder verkleinert noch zerschnitten, entlang der Bepflanzungslinie kann er aber als begleitende Bordüre wirken.*

*Eine Freude fürs Auge bietet auch der Einsatz von breit angelegten Fugen und Ritzen. Als Lebensraum für Moose oder Gräser unterstützen sie die natürlichen Effekte. Bei der Wahl des Belages sollte bei Steinplatten die Vielfalt der Möglichkeiten wie gespaltene Oberflächen, fossile Einschlüsse und unterschiedliche Färbungen immer beachtet werden.*

# GARTENWEGE

^ | **ABBILDUNG 1:**
Die Materialien der Weggestaltung sollten optisch immer zu ihrer Umgebung passen. Die hellen Sandsteinstufen und die Blütenballen der Hortensie *(Hydrangea)* ergänzen sich durch die Steinbearbeitung besonders gut.

4, 5

6

SIND MEHR ALS NUR MITTEL ZUM ZWECK – SIE VERBINDEN.

^ | **ABBILDUNG 2:**
Farbliche Abstimmung zwischen Wegführung und Bepflanzung oder Materialwiederholung, wie diese Sandsteinkugeln und Steinplatten, lassen ein harmonisches Bild entstehen.

^ | **ABBILDUNG 3:**
Ob Klinker oder Steinplatten, Flusskiesel oder Granitsplitt – die gewählten Materialen hängen immer von der Umgebung ab.
In ländlichen Gärten wandelt man auf anderen Wegen als in Stadtgärten mit moderner Architektur.

^ | **ABBILDUNGEN 4, 5:**
Werden Steinplatten, wie hier in changierenden Farben und mit Einschlüssen von fossilen Pflanzenteilen verwendet, entsteht ein auffälliges Gestaltungselement, das die Gartenräume optisch gliedert.

^ | **ABBILDUNG 6:**
Ein Ziel sollte jeder Weg haben, sei es wie hier eine Skulptur als Endpunkt, das Gartenhaus, den Gemüsegarten oder einen stillen Sitzplatz. Auf so manchen Wegen kann man kleine Reisen durch den Garten unternehmen.

# MIT ELEMENTEN DER ANTIKE AKZENTE SETZEN.

< | **GEGENÜBER:**
Bedeutungsvoller können Gartenräume wirken, wenn Steintore die Durchgänge bilden und zwischen der Bepflanzung wie in alten Gärten immer wieder Säulen, Stelen oder Pflanzgefäße eingesetzt werden. Das vertikale Element kann auch durch säulenförmige Bäume oder Gehölze jede Gartensituation abwechslungsreicher gestalten.

> | **RECHTS:**
Säulen aus Sandstein, Granit oder aus Holz bringen als Stütze für eine Laube, aber auch als freistehendes Dekor-Element einen Hauch von römischer Antike oder Renaissance in formal gehaltene Gärten. Freistehende Säulen wirken wie ein Fingerzeig zum Himmel.

# 2. Geheimnis



## Lebenselixier Wasser – Becken, Brunnen, Teiche, Pools

IN DER WIESE ZU LIEGEN UND MIT GESCHLOSSENEN AUGEN DEM GURGELN DES BACHES ZU LAUSCHEN, AM STEG ZU SITZEN UND MIT DEN FÜSSEN IM WEICHEN WASSER DES TEICHS ZU PLANTSCHEN, AN HEISSEN TAGEN EINFACH DIE SEELE BAUMELN ZU LASSEN UND IM KÜHLEN POOL UNTERZUTAUCHEN – WASSER IN ALL SEINEN VIELFÄLTIGEN FORMEN UND ERSCHEINUNGEN BRINGT LEBENDIGE NATUR IN UNSERE GÄRTEN.

Schon in der chinesischen Harmonielehre „Feng Shui" – wörtlich übersetzt „Wind und Wasser" – wird mit Hilfe von Wasser, Wegführung, Pflanzen, Farben und Formen der „Chi-Fluss", die kraftvolle Energie der Natur auch im Garten günstig beeinflusst und in Bewegung gehalten. Wasser ist das stärkste Symbol für Leben, für Veränderung, für das „im Fluss" bleiben. Schon in der Antike gab es Wasserbecken und Brunnen im Garten, zum Bewässern der Pflanzen, für die Fischzucht und zum Kühlen der Speisen und Getränke. Auch im Mittelalter bildete der Brunnen mit seinem Wasserbecken das Zentrum des Gartens. In der Renaissance wurden aus Prestigegründen Wassergärten mit Weihern, Kanälen und spektakulären Kaskaden angelegt und die aufwendigen Wasserspiele des Barock erforderten außerordentliche ingenieurtechnische Anstrengungen, um die Gärten dieser Ära mit genügend Wasser zu versorgen. In diesen architektonischen Gärten, aber auch in den nachfolgenden englischen Landschaftsgärten wurden Flüsse umgeleitet, gewaltige Erdmassen verschoben und Land trockengelegt. Für die Landschaftsparks wurden Bäche und Flüsse aufgestaut, um auf diese Weise an den gewünschten Stellen

kleine Seen und Teiche entstehen zu lassen. Damals scheute man weder Kosten noch Mühen, um die Gartenkunst in allen Bereichen zu perfektionieren. Ob die Könige und Fürsten vergangener Epochen es sich wirklich erträumen ließen, dass ihre kunstvollen Parks und Gärten die Menschen noch in ferner Zukunft erfreuen und in Scharen anlocken würden?

Ganz ohne Wasser überlebt kein Garten, nicht einmal ein Kakteengarten. Und Wasser ist, egal wie man es verwendet, ein ebenso starkes und faszinierendes Element wie Feuer. Nur kann man es in der Gartengestaltung dauerhaft einsetzen und besser beherrschen als den flammenden Kollegen, der höchstens an kühlen Abenden im Feuerkorb lodern darf oder als Gartenfackel den Weg

< | **GEGENÜBER:**
Einen ruhigen Punkt im wechselnden Grün bildet ein kreisförmiges Wasserbecken im Zentrum unterschiedlicher Bodengestaltung. Die gleichmäßige Randverkleidung – hier mit Klinker – unterstreicht das „stille Wasser".

v | **UNTEN:**
In einem ländlichen Garten braucht es eine entsprechende Uferrandbepflanzung. Durch verschiedene Blütenstauden für die Uferzone und den trockenen Bereich dahinter kann so ein fließender Übergang vom Wasser in den Blumengarten entstehen.

^ | **OBEN:**
Wasser, das sich bewegt, wie ein kleiner Wasserfall, ein Springbrunnen oder ein plätschernder Wandbrunnen, erweckt Aufmerksamkeit und belebt jeden Garten.

weist. Wasser vermittelt uns in jeder Form Sinnlichkeit und die Freude an der Natur. Alle Sinne werden durch das Wasser aktiviert – das Auge durch das Beobachten des wilden und gezähmten feuchten Elements oder durch die meditative Schau in die ruhige Wasseroberfläche, das Ohr durch das Plätschern von Brunnen oder das Rieseln von Fontänen, der Geschmacksinn durch das Kosten des Lebenselixiers und der Tastsinn durch das Eintauchen in das kühle, erfrischende Nass. Wasser ist immer Ausdruck für Leben, sei es als schlichter Granittrog, der als Entnahmestelle für die Gießkanne dient, sei es als kleine Vogeltränke aus Stein oder Keramik vor der Terrasse oder als simple Zinkblechwanne, die nur 25 cm tief bepflanzt mit Zwergseerosen *(Nymphaea tetragona* „Helvola") und nicht frosthartem Wassersalat *(Pistia stratiotes)* zum Eldorado einer Saison für Libellen und Schmetterlinge wird. Bächlein und Tümpel, Biotop oder Teichbecken, Wandbrunnen oder Sprudelstein – Wasser bringt gleichzeitig Ruhe u n d Bewegung

^ | **OBEN:**
Ein Holzdeck, wie hier vor einem Gartenpavillon, passt immer gut zu naturnahen Teichen. Eine elegante, kontrastreiche Lösung bietet die gerundete Treppe ins Wasser.

in den Garten und eröffnet dem Gärtner überdies eine neue Dimension der Bepflanzung. Die Vielfalt der Wasserpflanzen wie etwa die *Nymphaea*-Hybriden (Seerosen) oder das Froschkraut *(Luronium natans)* für tiefere Zonen, das blau blühende Hechtkraut *(Pontederia cordata)* oder die Sumpfschwertlilien *(Iris pseudacorus)* für Flachwasserzonen und ihre Verwandten, die Sumpf- und Uferpflanzen, eröffnen der Gartengestaltung eine neue Bühne und die dazugehörige faszinierende Tierwelt darf sie bespielen. Wer geräuschempfindlich ist, sollte von Teich oder Tümpel lieber Abstand nehmen – das tägliche Abendkonzert der Wasser- und Teichfrösche hat schon so manchen Naturliebhaber nächtens zur Verzweiflung gebracht! Doch die Libellen lieben alle Arten von Wasser, sie besuchen auch kleinere Wasserstellen oder Becken im Garten. Auf Kinder wirken Insekten wie Wasserläufe immer faszinierend. Molche, Erdkröten oder Kaulquappen gehören zu den ersten Beobachtungen, die Kinder am Wasser machen und die ihnen

die Natur so spielerisch näher bringt. Wer erinnert sich nicht an den ersten Laubfrosch, den er als noch kleines Kind vorsichtig aus dem Ufergras gehoben hat, um ihn gleich wieder ins Grün springen zu lassen. Und an den Schrecken, den einem die Ringelnatter eingejagt hat, als sie im großen Schwimmteich ihre Kreise zog. Diese ungiftige Schlage findet man nur in ruhigen, größeren Gewässern, wo sie hinter Insekten, Fischen, Fröschen und Molchen her ist. Durch die vielen Insekten, die sich in Teichnähe aufhalten, werden auch viele Singvögel angezogen. Sie zu beobachten ist nicht nur für Kinder aufregend und lehrreich. Aber Wasser im Garten bedeutet

< | **GEGENÜBER:**
Durch die Einbindung in die Naturkulisse und den alten Baumbestand wirkt dieser Schwimmteich mit Aussicht wie ein Teil der umliegenden Landschaft. Dazu harmonieren die Sandsteinplatten.

v | **UNTEN:**
Brunnenbecken und Bachlauf lassen gleichzeitig ein natürliches wie artifizielles Bild entstehen. Durch die Bepflanzung mit Gräsern, Sumpfschwertlilien und Zwergahorn wird dies noch unterstrichen.

## DAS SPIEL MIT DEM WASSER ERLAUBT UNENDLICHE VARIATIONEN.

nicht nur Gestaltung mit einem Naturelement, es bringt auch Badespaß und Schwimmvergnügen in die immer heißer werdenden Sommer. In unseren Breiten wurde in den letzten 10-15 Jahren der Schwimmteich, der in verschiedenen Systemen und Stilen angeboten wird, zum absoluten Favoriten. Die Kombination von Naturteich und Schwimmbecken passt auch sehr gut zu der zeitgemäßen, naturnahen Gartengestaltung. Aber nicht jeder liebt es, mit Pflanzen und Tieren zu baden und nicht jeder Garten bietet genug Platz für einen Schwimmteich. Je größer der Badeteich angelegt wird, desto besser ist die Wasserqualität und es gibt weniger Algenprobleme.

Wo ein Schwimmteich nicht in Frage kommt, wird der gute alte Swimmingpool eingesetzt, denn der ist heutzutage längst nicht mehr der quietschblaue rechteckige Fleck in der Landschaft wie man ihn aus den 60er- und 70er-Jahren kennt. Phantasievolle Formen und die Verwendung passender Materialien wie Sandstein- und Terrakottaplatten oder auch Holzstege lassen den klassischen Swimmingpool mit

**> | GEGENÜBER:**
Bühnenreife Effekte lassen sich mit Zelten anstelle von fixen Pavillons erzielen. An einem prominenten Gartenplatz, so wie hier auf einem Holzdeck, bietet das attraktive, wetterfeste Gartenzelt Schutz vor der Witterung, im Winter verschwindet es dann in der Aufbewahrung.

## WASSERLANDSCHAFTEN ERFÜLLEN SO MANCHE GARTENTRÄUME.

**< | LINKS:**
Neben den Wasser- und Uferpflanzen gehören auch passende Bäume zur Wassergestaltung. Hängende Formen wie die Hängebirne *(Pyrus salicifolia* „Pendula") oder die Japanische Hängekirsche *(Prunus subhirtella* „Pendula Rubra") spiegeln sich im Wasser.

## Zu neuen Ufern

Der Knackpunkt beim Anlegen von Teichen, egal ob sie ein architektonisches Becken bekommen oder weich und naturnah gestaltet werden, ist immer die Ufergestaltung.

Primär sollte ein Teich immer dort positioniert werden, wo sich aufgrund der natürlichen Gegebenheit des Geländes das Wasser sammeln kann. Dort wo das Ufer auf den Rasen trifft, ist die große Sensibilität des Gärtners gefragt. Damit sich Teich und Garten zu einer Einheit verzahnen können müssen verschiedene Steingrößen, strukturierende Oberflächen für Moosansiedlungen und zum Umfeld passende Uferbepflanzungen berücksichtigt werden.

Im formal gehaltenen Teich oder Wasserbecken genügen verschiedene Seerosen mit ihren beschattenden Blättern.

Der naturnahe Teich benötigt zwischen Uferzone und Wiese Pflanzen wie beispielsweise das Mammutblatt (Gunnera manicata) mit seinen riesigen 2 m hohen und bis zu 2,5 m breiten Blattgebilden (Winterschutz, frostempfindlich!). Auch Farne, Gräser und Bambus eignen sich hier gut, um den Übergang vom Wasser zum Garten fließend zu gestalten.

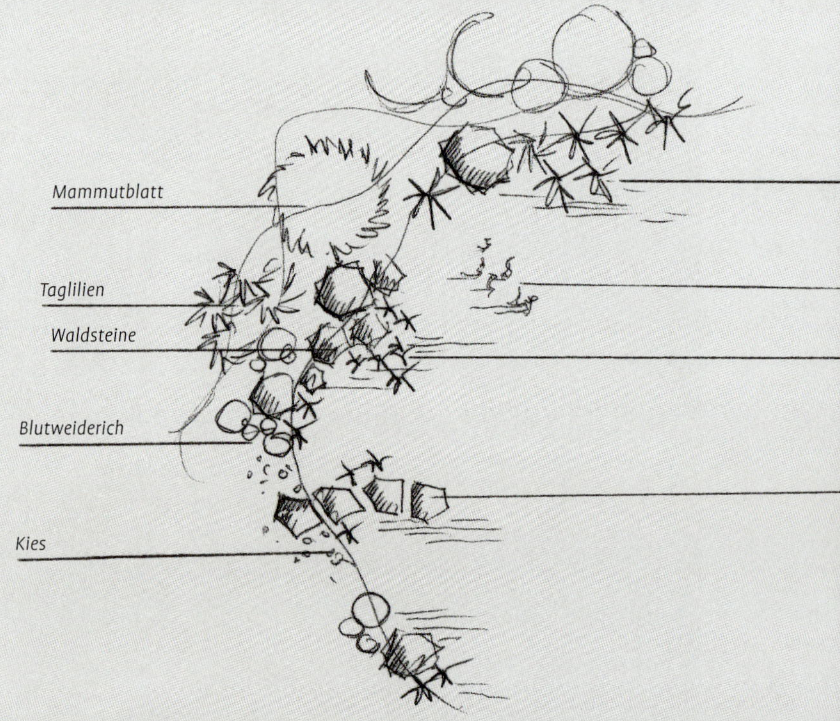

1

2

3

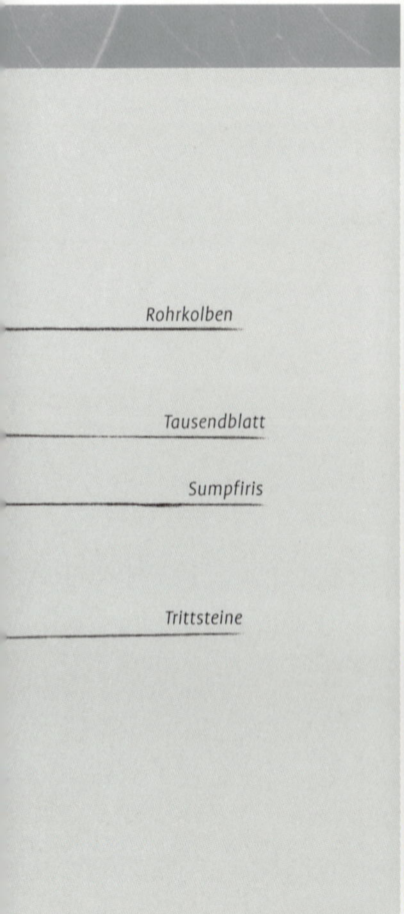

4

seiner Umgebung harmonieren. Wird der Schwimmteich mit Uferrandpflanzen wie Sumpfschwertlilien *(Iris laevigata oder Iris ensata)* den natürlichen Gegebenheiten angepasst, kann man den Poolbereich mit großen Kübelpflanzen oder Heckenbegrenzungen ganz individuell als eigenen Gartenraum gestalten. Wer viel Platz, das heißt ein sehr großes Grundstück hat, kann sich den Luxus beider Varianten erlauben: Auf der einen Gartenseite einen Teich, der groß genug ist um sogar Fische wie Karpfen auszusetzen und mit einem Boot drauf herumzuschippern u n d einen Pool mit klarem Wasser zum Schwimmen auf der anderen Gartenseite.

< | **ABBILDUNG 1:**
Umkleidekabine, Stauraum und Gartenzimmer für sommerliche Regentage – so ein Seehäuschen komplettiert das Gartenbild mit Teich. Diese Landhausvariante passt sich dem natürlich gestalteten Umfeld gut an.

< | **ABBILDUNG 2:**
Die Königin der Wasserpflanzen ist und bleibt die Seerose *(Nymphaea)*. Die griechischen Nymphen standen Pate bei dieser, bei uns frostharten und immergrünen Wasserrose mit ihren vielfältigen Blütenfarben.

< | **ABBILDUNG 3:**
Steintreppen im Wasser brauchen eine besonders raue Oberfläche um jede Rutschgefahr zu vermeiden. Alternativ kann auch ein Holztreppchen als Einstiegsmöglichkeit verwendet werden.

< | **ABBILDUNG 4:**
Harmonisch eingebunden in Garten- und Teichlandschaft bildet das Gartenhaus im Cottagestil sozusagen das Pünktchen auf dem i. Hier verbringt man schon gerne mal einen ganzen Sommertag.

^ | **VORIGE SEITE:**
Badevergnügen ohne Chemie bietet der Schwimmteich – eine geniale Erfindung! Er wird unterteilt in ein Schwimmbecken und eine mindestens ebenso große Regenerationszone mit Wasserpflanzen, die sich ihre Nährstoffe aus dem Wasser holen und es so biologisch sauber halten. Schwimmbereich und sensible Pflanzenzone sind baulich getrennt.

> | **DIESE SEITE:**
Neben ihrem Einsatz als schönes Gestaltungselement sprechen Brunnen die Sinne direkt an. Das Plätschern des Wassers vermittelt Frische, aber im Zentrum jeder dauerhaften Wasserbewegung wirkt natürlich die passende Pumpe.

> | **GEGENÜBER UNTEN:**
Wasserspeier wie dieser grimmig blickende Herr sind gemeißelt aus Bildhauerhand oder als Steingussmodell zu haben. Sie finden in jeder Art von Mauer Verwendung.

**^ | OBEN LINKS:**
Diese interessante moderne Brunnenkonstruktion besteht aus einem Holzunterbau, der mit Zinkblech verkleidet, freistehend vor einer Hecke im Garten oder an der Hausmauer positioniert werden kann.

**^ | OBEN RECHTS:**
Nach antiken Vorbildern gemauerte Brunnenbecken aus Ziegel oder Naturstein bringen das Flair alter Innenhöfe in traditionell gestaltete Gartenbereiche. Zu jedem Gartenstil gibt es die passenden Bauteile.

# KLASSISCHES BADEVERGNÜGEN GIBT ES IM POOL.

**^ | OBEN:**
Schwimmbecken verfügen heute durchwegs über versteckte Abdeckungen, die sich auf Knopfdruck über die Wasserfläche schieben und nächtliche Verschmutzung durch herabfallende Blätter oder Insekten verhindern.

**> | GEGENÜBER:**
Der Stil eines Gartens wird durch die Architektur des Badebereichs noch unterstützt. Zeitgenössisches Ambiente kann durch klare Linien und die Wahl der passenden Materialien entstehen. So verschmelzen Haus und Garten zu einer Einheit.

**< | GEGENÜBER:**
Mit einem Wasserbecken, so wie diesem formalen Bassin mit Sprudelstein im Zentrum, bringt man durch die strenge Form Ruhe in den grünen Raum. Durch das Wasserspiel kann gleichzeitig eine permanente, natürliche Geräuschkulisse entstehen, die dem Gartenraum sinnliches Leben verleiht.

**> | LINKS OBEN & UNTEN:**
Ein schlichtes Steinbecken wird durch die Dekoration mit Blüten aus dem Garten und der Zugabe einiger Schwimmkerzen zum Lichtblick der Sommernachtsparty.

**> | RECHTS OBEN:**
Die wilde Natur in Form von Fels und Wasserpflanzen wurde bei diesem runden Becken bewusst gezähmt. Mit der regelmäßigen Umrandung aus Klinker entstand ein ruhiger Punkt, der in seiner Mitte bewegt ist.

# 3. Geheimnis

# Lieblingspflanzen – die Stars auf der Gartenbühne



MIT DEN LIEBLINGSPFLANZEN IST ES WIE MIT DEN LIEBLINGSKINDERN – ALLE SOLLTEN GLEICH VIEL LIEBE BEKOMMEN, DOCH DIE MEISTE AUFMERKSAMKEIT ERHALTEN IMMER DIE PROBLEMKINDER. AUCH IM GARTEN IST DAS NICHT ANDERS. WENN EIN PFLÄNZCHEN VOR SICH HIN KÜMMERT VERSUCHT DER BESORGTE GÄRTNER MIT ALLEN MITTELN, ES WIEDER GESUND ZU PFLEGEN UND SCHÄDLINGE SO GUT ES GEHT FERNZUHALTEN.

Denn die Pflanzen sind die wahren Stars des Gartentheaters und deswegen sollte man zu allererst den „Finger in die Erde stecken" und nachsehen was der Boden so anbietet. Empfehlenswert ist es, vorab eine Bodenprobe machen zu lassen, da sieht man dann gleich welche Pflanzen sich gar nicht wohl fühlen würden – ob es also erforderlich ist, die Erde auszutauschen oder ob es ausreicht, das Erdreich mit Kompost und Hornspänen zu verbessern. Das spart Zeit, Geld und Experimente.

Viele Leute kaufen Pflanzen, die ihnen gut gefallen (Lieblingspflanzen!) und überlegen nicht, ob sie ihnen auch die passenden Bodenbedingungen bieten können. So wie die leicht verzweifelte Dame, die immer wieder massenhaft Lavendel in ihren lehmigen Gartenboden setzt und sich wundert, dass er nicht blüht. *Lavandula angustifolia*, der „Echte Lavendel", bevorzugt aber einen fruchtbaren, durchlässigen

^ | **OBEN LINKS:** Halbschattige Gartensituationen gewinnen durch Bepflanzung mit bodendeckendem Efeu und Büschen der Kermesbeere *(Phytolacca americana)*.

Boden an einem sonnigen Platz. Empfehlenswert sind daher auch Beobachtungsspaziergänge in der Natur. Was wächst auf der sonnigen Wiese, welche Art Pflanzen bevorzugen kühle schattige Plätze? Am Bachufer findet man andere Blumen als am Waldrand, in den Auen, am Wiesengrund oder an sandigen trockenen Stellen. Die ganze Weisheit von Mutter Natur lässt sich mit Kulturpflanzen in den Garten übertragen, aber wie alles in einem harmonischen Gartenreich braucht es seine Zeit und die dazugehörige Geduld. Die sollte man auch dazu verwenden, sich in den Wintermonaten in fachlich fundierte Pflanzennachschlagwerke zu vertiefen, denn ein guter Gärtner kann nie genug Basiswissen über all die vielen Pflanzenarten, ihre bevorzugten Standorte und idealen Partnerpflanzen haben. Für jeden Gartenneuling

< | **GEGENÜBER RECHTS:**
Für Lavendel *(Lavandula)* ideal sind sonnige, geschützte Plätze wie südseitige Mauern. Die wintergrünen Büsche mit ihrem duftenden Blattwerk behalten ihre Form wenn sie regelmäßig nach der Blüte zurechtgestutzt werden.

v | **UNTEN:**
Zu Füßen einer mit Trompetenwinde *(Campsis radicans)* bewachsenen Mauer haben es sich duftige Hortensien *(Hydrangea arborescens* „Grandiflora“*)* und verschiedene Funkien *(Hosta)* gemütlich gemacht.

muss die ungeheure Vielfalt schon ein bisschen verwirrend sein. Bäume, Sträucher, einjährige Blumen, mehrjährige Stauden, Kletterpflanzen, Bodendecker, Kübelpflanzen – ja, ja, ich will das alles, aber was mach ich nur damit!?

Deshalb müssen immer zuerst der Standort bestimmt und die Bodenverhältnisse geklärt sein, bevor man sich für die Pflanzen entscheidet. Hat man sauren Boden oder durchlässiges Erdreich? Ist er lehmig, kalkhaltig oder humos? Manches ist leicht mit freiem Auge zu erkennen, man sieht gleich wie sandig, steinig

# AUCH IM KÜHLEN SCHATTEN GEDEIHT SO MANCHERLEI BLÜTE.

< | **GEGENÜBER:**
Die wahren Stars der Schattenplätze sind die Gartenhortensien *(Hydrangea macrophylla)*, besonders die blau blühenden Sorten. Durch Alaunsalz im Gießwasser wird die Blaufärbung verstärkt.

^ | **OBEN LINKS:**
Das Wechselspiel von Sonne und Schatten behagt dieser Schirmhortensie *(Hydrangea aspera sargentiana)* und dem darunter wuchernden Frauenmantel *(Alchemilla mollis)*.

^ | **OBEN RECHTS:**
Sogar die kletternde Form der Hortensie *(Hydrangea petiolaris)* gedeiht gut in Topfkultur.

oder feucht die Erde ist, aber Bodenprobe bleibt Bodenprobe und sicher ist sicher!

Jede Pflanze kann zur Lieblingspflanze werden, wird sie nur richtig eingesetzt. Viele Gewächse wurden zur „Un-Pflanze", zum ungeliebten Kind durch unsachgemäße Verwendung. Wie beeindruckend ist beispielsweise der Abendländische Lebensbaum *(Thuja occidentalis)* wenn er als Solitärbaum verwendet wird und der phantasievolle Gärtner eine frühlingsblühende Waldrebe, etwa eine *Clematis montana rubens*, in den bis zu 15 m hohen Baum klettern lässt. Doch leider wird die Thuje fast immer als undurchsichtige Hecke missbraucht und zu trocken gehalten. Diese Pflanze stammt aber aus den niederschlagsreichen, kühleren Regionen Nordamerikas und braucht immer genügend Bewässerung. Außerdem verliert sie durch die Monokultur irgendwie ihre Eigenart und wirkt wie eine abweisende, uniforme grüne Mauer, meistens mit braunen oder

kahlen Stellen. Wenn statt dieser eintönigen Heckenbepflanzung verschiedene Blütengehölze verwendet werden, eine ausgewogene Mischung aus heimischen und anderen winterfesten Sträuchern – zum Beispiel die Kornelkirsche *(Cornus mas)*, Rosmarinweide *(Salix rosmarinifolia)*, der gelb blühende Blasenstrauch mit seinen attraktiven Früchten *(Colutea arborescens)*, schwarzlaubiger Holunder *(Sambucus nigra* „Black Beauty"*)*, dazu eine frühlingsblühende Felsenbirne *(Amelanchier)*, verschiedene duftintensive Fliederbüsche *(Syringa)* oder Duftschneebälle *(Viburnum)* – so entsteht Sichtschutz und Blickfang zugleich.

Eine Hecke aus Laubgehölzen, die wuchernd oder zurechtgestutzt zu jeder Jahreszeit attraktiv ist, schützt im Laufe der Jahre auch vor neugierigen Blicken und bietet immer Abwechslung. Im

^ | **LINKS:**
Große Gärten erlauben großzügige Bepflanzung. Üppige Horste bildet das Blattwerk der Ligularia *(Ligularia dentata)*. In guter Nachbarschaft mit Zier-Rhabarber *(Rheum palmatum)*, zu Füßen von Fächerahorn *(Acer palmatum)*, entstanden beeindruckende Schattenstaudenbeete.

^ | **MITTE UND RECHTS:**
Funkien wirken solitär gepflanzt, aber auch in Kombination mit verschiedenen anderen Stauden für den Halbschatten (rechts) durch die vielfältigen Erscheinungen des dekorativen Laubwerks immer interessant. Die Blattfarben variieren von dunklem Blaugrün bis zu leuchtendem Goldgelb.

## Bepflanzung Schatten



Schattenbereiche hat man bald irgendwo. Das Haus, ein Baum, eine Hecke werfen ihren Schatten und dieser Platz bleibt meist unbepflanzt und kahl. Denn die Schattenbereiche gelten meistens zu Unrecht als schwierig, als Aufgabe für fortgeschrittene Gärtner.

Zugegeben, dort wo alte Bäume stehen, womöglich Nadelbäume, besteht die Gefahr des trockenen Schattens und der ist wirklich nicht leicht zu bepflanzen. Da muss man entweder zur Motorsäge greifen und das notwendige Licht hereinlassen oder zumindest die störendsten unteren Äste entfernen. Dann kann auch an solchen schwierigen Stellen grünes Leben entstehen. Aber die meisten Schattenplätze hinter Zäunen oder Mauern sind leicht in attraktive Gartenzonen zu verwandeln.

Eine Vielzahl an schattenverträglichen Pflanzen, darunter viele frühjahrsblühende Gewächse wie das Dreiblatt (Trillium) oder die horstbildende Elfenblume (Epimedium), warten nur darauf in den Garten geholt zu werden. Unzählige Gestaltungsmöglichkeiten bieten sich an. Kletterhortensien (Hydrangea petiolaris) beispielsweise erreichen mit einer Kletterhilfe nicht nur eine Höhe von 15 m und mehr (Hausmauern, Säulen, Bäume), sie können auch als Bodendecker eingesetzt werden und so über unterschiedliche Ebenen wuchern.

## Blühend durchs Gartenjahr

Eine ununterbrochene Blütenfolge durch die ganze Gartensaison zu erschaffen ist durchaus eine Kunst. Es verlangt nach einer ständigen Auseinandersetzung mit den Pflanzen und deren Eigenheiten.

*Für jeden Zeitabschnitt sind einige Hinweise zu beachten: Neben Gehölzen für die Grenz- und Randbereiche – Frühlings- und Sommerblüher – sollte man im Staudenbeet nie auf Zwiebel- und Bulbenpflanzen vergessen und auch einjährige Sommerblumen freudig einsetzen.*

*Wichtig sind außerdem die Höhenstaffelungen. Neben einer niedrigen Vordergrundpflanze für den Frühling setzt man am besten eine Pflanze, die nicht höher wird, dafür aber etwas später blüht. In der nächsten Höhenkategorie dahinter verfährt man ebenso, wodurch eine ineinander übergehende Blüte erfolgen kann. Der Einsatz von Gräsern, auch von manchen Disteln, belebt das Gartenbild sogar im Winter.*

*Noch ein Tipp: Wenn man, wie meistens auf der Pflanzenbeschreibung angegeben (soundso viele Pflanzen pro m²), großflächiger vorgeht, das heißt größere Mengen einer Pflanze nebeneinander setzt, so strahlt das immer mehr Ruhe aus.*

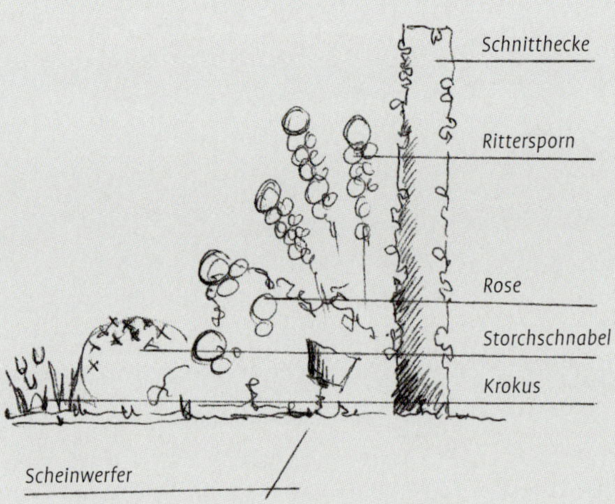

**> | RECHTS:**
Durch gezielte Höhenstaffelung, eine gut durchdachte Pflanzenmischung nach Wuchsform, Blattstruktur und Farbe können die vielfältigsten Gartenbilder entstehen.

**< | LINKS:**
Für jedes Fleckchen im Garten findet sich die passende Bepflanzung. Meistens passen sich die Wuchsformen den Gegebenheiten des Geländes an.

# FÜR JEDEN PLATZ DIE PASSENDE PFLANZE.

zeitigen Frühjahr sind es die ersten Knospen in verschiedenen zarten Grüntönen, im Frühling und Frühsommer die überschäumende Blütenfülle, im Sommer bietet das dichte Laub den passenden Hintergrund für die Staudenbeete und das berauschende Farbenspiel im Herbst bildet den würdigen Abschluss des Gartenjahrs. Sogar im Winter bietet die Hecke aus verschiedenen Sträuchern durch die unterschiedlichen Wuchsformen und Rindenfarben immer einen erfreulichen Anblick.

Wem eine blühende Gehölzhecke, sei es als Abgrenzung oder als Gestaltungselement zwischen Gartenräumen zu unruhig erscheint, der wählt lieber Heckengehölze wie Hainbuche *(Carpinus betulus)*, Liguster *(Ligustrum)* oder Buchsbaum *(Buxus sempervirens)* und schneidet die Hecke regelmäßig in Form. Es geht um die intensive Auseinandersetzung mit jenem speziellen Ort, der zum Garten werden soll und um die Beschäftigung mit den Pflanzen, die „Lieblingspflanzen" entstehen lässt. Es sind die ersten Tuffs von Schneeglöckchen *(Galanthus nivalis)* in gefüllten Sorten und die goldgelben Blütensterne der Narzissen *(Narcissus)* im März, die wie das blitzblaue Hasenglöckchen *(Hyacinthoides hispanica)* vor allem in großen Mengen am besten wirken und alljährlich das Gartenjahr einläuten. Es ist der als Hochstamm gezogene Fliederbusch *(Syringa vulgaris)*, der als kleine Allee in verschiedenen Farbnuancen gepflanzt,

^ | **LINKS:**
Hier wurde ein großes Staudenbeet, in dem vom Frühling bis in den Herbst immer etwas blüht, durch einen schmalen Kiesweg geteilt. Das schafft eigene Perspektiven und erleichtert außerdem die Arbeit in den Beeten.

Struktur und Duft in den Garten bringt. Es sind die schimmernden Tautropfen auf den gefältelten Blättern des Frauenmantels *(Alchemilla mollis)* oder das attraktive Blattwerk der Funkien *(Hosta)*, das mit seinen schönen Zeichnungen in Farbschattierungen von weiß gefleckt, gelblich, blau-grün und marmoriert, sei es in Töpfen und Kübeln, sei es am Rand von Gehölzen oder im Beet, immer seinen eigenen Pflanzenzauber verbreitet.

Auch einzelne Fingerhüte *(Digitalis)* machen sich durch ihre vertikale Wuchsform schön, doch eine ganze Gruppe von roten, weißen oder apricotfarbenen Fingerhüten in einer halbschattigen Rabatte vor dunklem Blattwerk wirkt immer beeindruckend. Denn Faszination und Geheimnis verbreiten in erster Linie die Schattenpflanzen. Lange Jahre wurden sie nur von absoluten Spezialisten angebaut, doch jetzt haben sie sich endgültig den Weg in die Gärten erobert. Schon in den alten Schlossparks bewundern wir die verschlungenen, efeubegrenzten schattigen Wege, die steinernen Grotten mit üppigem Farngewedel davor und die bemoosten Steine und Skulpturen. Ein schattig gelegenes Beet, bepflanzt mit dem großblättrigen Schaublatt *(Rodgersia)*, dazu verschiedene Funkien, schwarze Akeleien *(Aquilegia vulgaris*

„Black Barlow“) und weiße Storchschnabel *(Geranium clarkei* „Kashmir White“), dazwischen bemooste Steine oder eine große silbrige Glaskugel – all dies strahlt einen ganz eigenen Zauber aus. Gezielt platziertes Gartendekor wie Steinskulpturen oder auch Glaskugeln, die in den Bäumen hängen oder in den Beeten liegen, runden die romantische Situation ab. Unentbehrlich für schattige Situationen sind natürlich die Farne. Mit ihren urtümlich zarten grünen Wedeln kann man mit etwas Geduld, Struktur und wirkungsvolle Waldstimmung in die Schattenbereiche zaubern.

Für jeden Platz im Garten gibt es die spezielle Pflanze, die gerade dort hineinpasst. Es ist immer die intensive Auseinandersetzung mit Raum und Inhalt, mit der Umgebung und den Pflanzen selbst. So kann jede Blume zum Liebling ihres Gärtners heranwachsen.

^ | **MITTE:**
Von Juni bis Oktober bezaubern niedere Rosen wie „Swany“ in Reinweiß und die rote Version von „The Fairy“ mit ihren duftigen Blütenbüscheln. Sie lockern die grüne Einfassung der Buchshecke am Zaun blühend auf.

^ | **RECHTS:**
Zwischen Buchskugeln und den wolkigen Blütchen des Frauenmantels bahnt sich eine rötliche Glockenblume *(Campanula punctata* „Rubra“) ihren Weg ans Licht.

^ | **VORIGE SEITE:**
Trockene, sonnige Plätze sind ideale Standorte für ein Kiesbeet. Rosen, Stauden, Kräuter und Einjährige gedeihen im guten Erdreich, das durch eine dicke Kiesschicht, die wie Mulch wirkt, abgedeckt wurde.

< | **LINKS:**
Rosen *(Rosa)* können wirklich wilde Sammelleidenschaft entfachen. Man kann einfach nie genug davon bekommen! Hier wurden zwei wunderbar duftende Englische Rosen „Golden Celebration" und „Eglantyne" zwischen zwei Ebenen in einen Hanggarten gepflanzt.

< | **GEGENÜBER:**
Rosenbögen gliedern immer die Situationen in den Beeten. Hier bilden die zarten weichen Triebe der Ramblerrose „Dorothy Perkins" von Mitte Juni bis Anfang August einen blühenden Vorhang in warmem Kirschrosa.

Lederleitner-Tipp | 07

## Bepflanzung Sonne

Dort wo genügend Sonne hinkommt sollte man sie auch nutzen, um Situationen zu schaffen, die südlicheren Gewächsen oder der großen Vielfalt an Steingartenpflanzen den passenden Wohnraum bieten.

Auch hier kann mit flächigen Pflanzungen, wie zum Beispiel einer Gruppe Lavendel (Lavandula angustifolia), dann einer Gruppe Heiligenkraut (Santolina) und wieder einer Gruppe Lavendel, ein vollsonniger kleiner Hang in einen mediterranen Blickfang verwandelt werden.

Unter sommerblühende oder remontierende Rosen (Rosa), solche, die über längere Zeit oder 2 Mal blühen, muss nicht immer nur Lavendel gesetzt werden. Probieren Sie doch einmal Kombinationen von Rosen und den sonnenliebenden Arten des Storchschnabels (Geranium). Über 300 Arten kommen weltweit vor, darunter sind viele für Sonnenplätze geeignet.

An sonnigen Standorten mit durchlässig sandigem Boden gedeihen auch solche Pflanzen gut, die sich zum Trocknen eignen; eventuell der Meerlavendel (Limonium), der früher botanisch Staticie genannt wurde.

1

2

3

4

5

**< | ABBILDUNG 1:**
Hier bepflanzt Markus Lederleitner umgeben von wuchernder Kapuzinerkresse *(Tropaeolum)* die Steinmauer um seinen Gemüsegarten mit verschiedenen Arten von Hauswurz *(Sempervivum)*.

**< | ABBILDUNG 2:**
Hauswurzrosetten brauchen einen sonnigen, trockenen Standort. Nach der Blüte stirbt die Pflanze ab, es bilden sich aber immer wieder neue Nebenrosetten.

**< | ABBILDUNG 3:**
Bis auf einige Ausnahmen bevorzugen Rosen meistens sonnige Standorte.

**< | ABBILDUNG 4:**
Das Geißblatt *(Lonicera)* oder Heckenkirsche, im Volksmund „Je längerle lieber" genannt, ist als Kletterpflanze zu Rosen sehr geeignet.

**< | ABBILDUNG 5:**
Ein beliebtes Sonnenkind ist der aus Amerika stammende, ausdauernde purpurne Sonnenhut *(Echinacea purpurea)*.

< | **LINKS:**
Einen Hauch von Dschungel verbreiten schattenverträgliche Schmuckstauden wie das Schildblatt *(Darmera)* unter den Bäumen.

^ | **OBEN:**
Halbschattige Gartenbereiche verbreiten ihren eigenen Zauber und bieten besonders im Hochsommer erholsame Frische.

# 4. Geheimnis



## Exquisite Exoten & andere Dauerblüher im Topfgarten

DURCH DIE LIEBE ZU BESONDEREN GARTENSCHÖNHEITEN UND DER WEIT VERBREITETEN SEHNSUCHT NACH MEDITERRANEN TEMPERATUREN GEHÖREN PFLANZEN WIE OLEANDER *(NERIUM OLEANDER)*, ENGELSTROMPETEN *(BRUGMANSIA SYN. DATURA)* ODER GRANATÄPFEL *(PUNICA GRANATUM)* AUCH IN MITTELEUROPÄISCHEN LANDSTRICHEN MIT ETWAS MILDEREM KLIMA SEIT VIELEN JAHREN ZUM ORTSBILD. BIS HINAUF INS VORALPENGEBIET ZIEREN OFT SEHR GROSSE, ALTE KÜBELPFLANZEN DIE VORGÄRTEN, DORFSTRASSEN UND PLÄTZE UND VERBREITEN AUF DIESE WEISE DAS BELIEBTE SÜDLICHE FLAIR.

Der Topfgarten gehört heute zu einer lebendigen Gartengestaltung einfach dazu. Nicht nur exotische Sommerblüher wachsen bei uns in Töpfen, auch winterharte heimische Pflanzen werden gerne in Töpfe, Kübel oder Fässer gesetzt. Zwiebelgewächse wie zum Beispiel Lilien *(Lilium regale, Lilium* „Pink Perfection"), Blütenstauden wie Katzenminze *(Nepeta grandiflora)*, einjährige Sommerblüher wie Ringelblumen *(Calendula)* oder Bartfaden *(Penstemon)* sowie Rosen, Gräser oder Farne fühlen sich im Container wohl. Die Stars des Topfgartens sind und bleiben die mediterranen Pflanzen und überseeischen Exoten, die im Wintergarten, Kalthaus oder im Keller frostfrei überwintern müssen.

Ob Exoten oder heimische Pflanzenschönheiten, der Topfgarten sollte sich nicht nur über Dachgärten, Balkone und Terrassen ausdehnen. Durch seine Mobilität ist er vielseitig einsetzbar. Im Garten können mit großen Kübelpflanzen eigene Akzente gesetzt werden, denn der Topfgarten ist mit seinen meist südlichen Bewohnern ein im ständigen Wandel begriffenes Experimentierfeld. Hier ist alles erlaubt, alle Farben, Formen und Größen. In jeder Kombination kann diese Leidenschaft ausgelebt werden. Rosen sind mit ihrer schier unüberschaubaren Vielfalt an Formen, Farben und Düften zwar immer noch am besten im Garten aufgehoben, aber speziell für Terrasse und Balkon gibt es ausgesuchte Sorten. Zwergrosen, Hochstämmchen und einige Kletterer, die nicht allzu hoch wachsen, sind

v | **UNTEN LINKS:**
Im Freiland ein wuchernder Bodendecker, zeigt sich der Sauerklee *(Oxalis)* im Töpfchen von seiner gezähmten Seite.

ein Muss, denn auf die Königin der Blumen sollte man auch im Topfgarten nicht verzichten.

Wer genügend Platz und die Überwinterungsmöglichkeit hat, kann wie in Italien oder der Provence auch ganze Alleen von Zitronen- oder Orangenbäumchen in edlen Kretatöpfen aufstellen. Auf mehreren Ebenen platziert wirken sie besonders an Einfahrten oder vor großen Terrassen schön. Sehr beliebt wurde in letzter Zeit auch die Afrikanische Schmucklilie *(Agapanthus africanus)*. In großen Kübeln aus Holz, Stein oder Bleiguss wächst sie bis zu 1 m und sogar höher. Die aus Büscheln von lanzettenartigen Blättern ragenden Stängel tragen leuchtend blaue Blütendolden von denen jede bis zu 50 einzelne Blüten haben kann. Ein alter, sehr großer Agapanthus wirkt mit bis zu 30 und sogar 50 solcher Dolden wie ein überdimensionaler, prachtvoller Blumenstrauß. Zusammen mit der weiß blühenden Sorte dieser auch „Liebesblume" genannten

**< | GEGENÜBER RECHTS:**
Lavendel- bis dunkelblau erscheinen die Blütendolden der Afrikanischen Schmucklilie *(Agapanthus africanus)*. Mit 20 bis 50 Blüten pro Dolde laufen sie in heißen Sommern zur Höchstform auf.

**v | UNTEN:**
Ortsbildbestimmend ist der Oleander *(Nerium oleander)* nicht nur in den Mittelmeergebieten. Oleander in Kübeln gehören auch im kühleren Mitteleuropa zum Sommer einfach dazu. Dieser, zwar in allen Teilen giftige, aber dennoch sehr beliebte Strauch blüht in Schattierungen von reinweiß bis dunkelrot.

> | **LINKS:**
Vielseitig verwendbar ist die Kap-Bleiwurz *(Plumbago auriculata)*. An der Spitze der weichen Zweige erscheinen den ganzen Sommer über zarte hellblaue oder weiße Blütchen.

> | **RECHTS:**
Die meisten Duft-Hybriden der Pelargonie *(Pelargonium)* schmücken sich mit eher kleinen, oft unauffälligen Blüten. Intensive unterschiedliche Aromen verbreiten die Blätter.

## DIE SPRACHE DER PFLANZEN IST IHR BERAUSCHENDER DUFT.

> | **GEGENÜBER:**
Nach Zitronen duften die Blätter der kräftigen Duftpelargonie „Mabel Gray". Diese buschige Pflanze wird etwa 30-40 cm hoch und blüht ausdauernd.

exotischen Schönheit kann man sich so den Himmel in den Garten holen. Himmelblau und weiß blühen auch die Büsche der Bleiwurz *(Plumbago auriculata)*. In Pflanzkästen auf einer Mauer platziert können sie wie kleine Wolken wirken. Diese ebenfalls aus Südafrika stammende, rasch wachsende Pflanze kann auch an einem Klettergerüst an einer Hauswand oder an einer Pergola den Sommer über für zarte Blütenfülle sorgen. Bleiwurz macht aber auch als Hochstämmchen eine gute Figur.

Der Star des Mittelmeerraums ist zweifellos ein leuchtender fuchsienfarbener Kletterer – die *Bougainvillea*. Wie bei uns Wilder Wein oder Efeu bedeckt sie in südlichen Landstrichen ganze Häuser und leuchtet wie die buchstäbliche Flamme des Südens. Auch sie bringt als Hochstamm oder Saison-Kletterer mit ihren farbintensiven Hochblättern – die Blüten in deren Mitte sind klein und eher unscheinbar – die ganze mediterrane Farbenpracht auf Terrassen, Patios, Balkone und sonnige Gartenplätze.

## Unterpflanzungen

Große Kübelpflanzen, besonders alle Bäumchen, werden gerne unterpflanzt. Dadurch wird das Erdreich beschattet, die Feuchtigkeit hält sich länger und es sieht attraktiv und harmonisch aus. Oleander in Trögen wirkt mit einer Unterpflanzung immer attraktiv. Das Spanische Gänseblümchen (Erigeron karvinskianus) beispielsweise ist dazu gut geeignet. Dieses zarte, weiß-rosa Blümchen zieht in der kühlen Überwinterung ein und treibt im nächsten Frühling wieder aus. Auch die Mittagsblume (Lampranthus) mit ihren fetten Blättchen macht sich als Unterpflanzung in großen Gefäßen gut. Die kriechende Form von Rosmarin (Rosmarinus officinalis) ist zum Unterpflanzen von Kübelpflanzen auch sehr gut geeignet, da diese Gewürzpflanze in unseren Breiten ebenfalls kühl überwintern muss.

Lederleitner-Tipp | 08

# DER TOPFGARTEN BRINGT FLEXIBILITÄT IN DIE GARTENRÄUME.

Da unsere Sommer offensichtlich heißer und auch länger werden sollte man die Gunst der Stunde nutzen, um mit dem Anbau von eigenen Zitrusfrüchten, Feigen, Passionsfrüchten oder Granatäpfeln exotischen Duft und Genuss in unsere Gärten zu holen. Obwohl mediterrane und exotische Gewächse aus heißen Klimazonen kommen sind doch die wenigsten wirklich heikel zu nennen. Manche Pflegeängste lassen sich daher schon mit einigen Praxistipps leicht ausräumen. Wichtig ist, dass das Substrat (am besten so genannte „Profi-Erde“) durchlässig ist. Das heißt, dass Lecca oder Bimsstein beigemischt werden. Das ist besonders für alle Zitruspflanzen wichtig. Dadurch und durch eine Extraschicht Lecca oder Kies entsteht eine gute Drainage. Das ist ganz wichtig, damit keine Staunässe entstehen kann, denn Kübelpflanzen müssen im Hochsommer täglich gegossen werden. Pflanzen in kleinen Gefäßen muss man überhaupt ständig mit Argusaugen beobachten und oft zweimal täglich wässern, damit sie nicht verdursten. Der Staunässe kann man auch dadurch begegnen, dass man die Töpfe nicht in Untersetzer stellt oder direkt unter den Topf Keile oder Tonfüße schiebt. Der Topf darf nie für längere Zeit im Wasser stehen, denn das kann auf Dauer zu Wurzelfäule führen. Da das Wurzelwerk in den Kübeln ja eingeengt ist, muss man diese

^ | **OBEN:**
Streicht man mit der Hand über das Laub von Gewürz-Tagetes *(Tagetes tenuifolia)*, verbreitet es köstlichen Zitrusduft.

< | **GEGENÜBER:**
Kräuter wie Rosmarin *(Rosmarinus officinalis)* oder Thymian *(Thymus vulgaris)* setzen in Tongefäßen aus Griechenland oder der Toskana würzige Akzente.

Maßnahmen ergreifen, um die Erde zwar feucht, aber nicht zu nass zu halten. Auch die Wahl des Gefäßes ist dabei gut zu überlegen: Kunststofftöpfe, besonders die schwarzen, können sich so erhitzen, dass sogar die Wurzelspitzen verbrennen können. Empfehlenswert sind daher immer noch Tontöpfe oder Steintröge, da kann nichts passieren. Für sehr große Pflanzen eignen sich die leichteren Plastikcontainer zwar wesentlich besser, doch da kann man sich ein wenig helfen, indem man den Topf mit Matten aus Heidekraut oder Holz-

^ | **DIESE SEITE:**
Das Wandelröschen *(Lantana camara)* links blüht an nur einer Pflanze in unterschiedlichen Farbnuancen. Die Engelstrompete *(Brugmansia, syn. Datura)* rechts dagegen schmückt sich mit duftenden Blüten in Weiß, Gelb, Rosa und Orange.

> | **GEGENÜBER:**
Grasähnliches, lanzettenförmiges Blattwerk und zarte, hellviolette Blüten schmücken die Kaplilie *(Tulbaghia violacea)*. Die Knollen dieser nach Knoblauch riechenden Pflanze sind essbar.

stäbchen verkleidet. Das sieht gut aus, schützt vor Hitze und das Ganze ist beweglicher wenn es im Herbst wieder eingeräumt werden muss. Kündigt sich der Frühling an, so sollte man seine Sonnenkinder umtopfen, am besten in ein nicht wesentlich größeres Gefäß als das alte. Außerdem sollte man seine Lieblinge ein wenig in Form schneiden. Dabei ist anzuraten, die Pflegebeschreibung der jeweiligen Pflanze aufmerksam zu lesen, denn so manche Pflanzen (Oleander!) blühen nach dem Schneiden erst wieder in der übernächsten Saison.

Lederleitner-Tipp | **09**

## Rahmenbedingungen

Ein Topfgarten kann auch einen winterfesten Rahmen bekommen. Wenn beispielsweise Lavendel oder Thymian, Weinraute oder andere schnittverträgliche Kräuter kreisförmig angepflanzt werden, können ab Mai Töpfe mit Zitronen, Orangen oder Granatäpfel in die Mitte der Kreise platziert werden. Das gibt der Topfgestaltung durch die Bepflanzung und den Duftmix von exotischen Blüten und Gewürzkräutern zusätzliche Raffinesse. Als Randgestaltung von Wegen oder rund um ein Wasserbecken ist dies eine elegante Lösung. Besonders schön sieht es aus, wenn die Kräuter blühen und die Töpfe nur ein wenig aus den Tuffs herausragen.

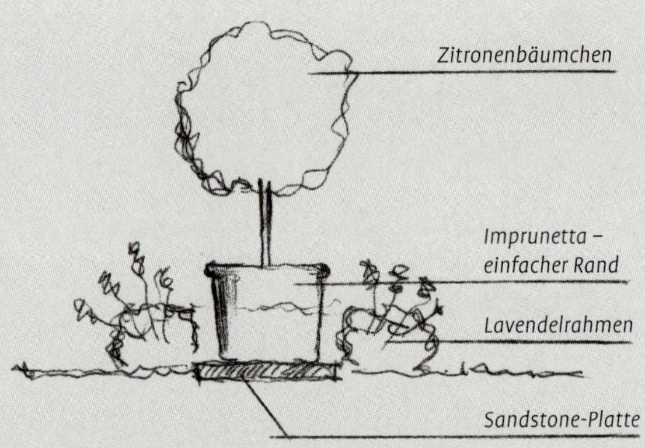


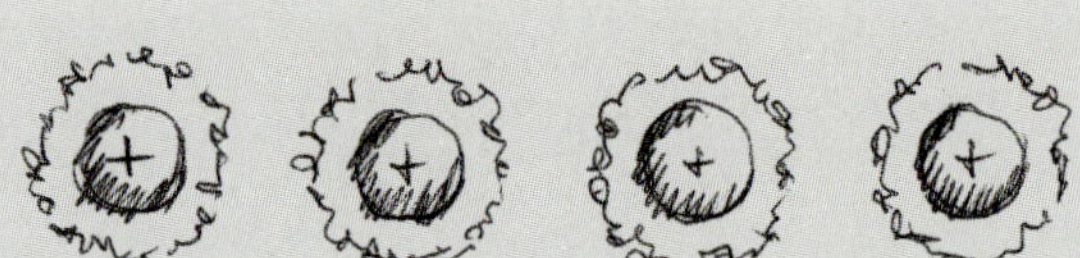

Runde Einfassung

Eckige Einfassung

∧ | **OBEN:**
Hochstämmchen bringen auch als Kübelpflanze Abwechslung in die Garten- und Terrassensituationen. Farblich abgestimmte Unterpflanzungen vollenden das Bild.

**v | UNTEN:**
Aus den peruanischen Anden stammt die Vanilleblume *(Heliotropium arborescens)*. Von Frühling bis Herbst blüht sie violett, duftet wunderbar und überwintert im Glashaus.

**> | NÄCHSTE SEITE:**
Das Wandelröschen mit seinen changierenden Farben ist eine sehr beliebte Kübelpflanze und eignet sich fürs Fensterkistchen ebenso, wie als Solitär-Hochstamm im Topf.

**^ | OBEN:**
Wer die Abgrenzung vom Bodenbelag zum Rasen flexibel gestalten will, wählt den Topfgarten. Mit verschiedenen Kübeln, Töpfen und Containern erzielt man abwechslungsreiche Effekte.

**^ | OBEN:**
Eigene Gartenbereiche entstehen mit schönen Töpfen aus unterschiedlichen Materialien. In der nächsten Gartensaison kann alles ganz anders aufgestellt werden.

Lederleitner-Tipp | **10**

## Steppe im Topf

Gräser sind aus der Gartengestaltung heute nicht mehr wegzudenken. So sind sie auch im Topfgarten gut einsetzbar. Sie können problemlos im Freien überwintern und gewinnen durch Schnee und Raureif zusätzlich Winterschönheit. Geeignet für Ziergräser wie Lampenputzergras (Pennisetum), Pfeiffengras (Molinia) oder Chinaschilf (Miscanthus sinensis) sind Gefäße wie massive Eichentröge, Sandsteinvasen oder Kupferkübel.

1

5

4

3

2

< | **ABBILDUNG 1:**
In Pflanzkästen auf Terrassen werden heute gerne winterharte Stauden wie etwa verschiedene niedere Schafgarben *(Achillea ageratum)* oder auch Heiligenkraut *(Santolina)* und phönizische Königskerzen *(Verbascum phoeniceum)* gepflanzt.

< | **ABBILDUNG 2:**
So prachtvoll exotische Gewächse auch sind, manche Gartenwinkel sind für Immergrüne im Cottotopf einfach besser geeignet. Eibenkegel *(Taxus)* und Buchsbaumkugeln, die das ganze Jahr über im Freien stehen, benötigen sehr frostfeste Gefäße.

< | **ABBILDUNG 5:**
Von Mai bis Oktober erzielt man mit so einer Ansammlung von vielen blühenden, kleineren Topfpflanzen wie Pelargonien, aber auch Hauswurzen im Töpfchen, einen echten Blickfang vor jedem Haus.

< | **ABBILDUNG 4:**
Pflanztöpfe aus Ton sind die beliebtesten Gefäße für mediterrane Gewächse, stammen sie ja ursprünglich aus dem Mittelmeerraum.

< | **ABBILDUNG 3:**
Sukkulenten wie die Vielzahl von Aloen *(Aloe)* aus heißen Zonen sollten auch im Hochsommer sparsam gegossen werden. Das gilt auch für die Kaplilie daneben.

< | **GEGENÜBER:**
Bepflanzt man zwei große Kübel, wie hier mit Bougainvilleen *(Bougainvillea)*, entsteht eine fulminante Durchgangssituation.

> | **OBEN LINKS:**
Aus über 400 Arten besteht die Gattung der Passionsblumen oder Granadilla *(Passiflora)* aus dem tropischen Südamerika.

> | **OBEN RECHTS:**
Passionsblumen, hier eine rotblühende *(Passiflora manicata)*, entfalten auf Rankgerüsten und Kletterhilfen an geschützten Stellen ihre ganze Pracht.

< | **UNTEN LINKS:**
Die Blaue Passionsblume *(Passiflora caerulea)* ist wohl die gebräuchlichste der tropischen Schönheiten.

< | **UNTEN RECHTS:**
In sehr heißem Klima mit hoher Luftfeuchtigkeit trägt diese wunderbare Passionsblume oder Riesengranadilla *(Passiflora quadrangularis)* gelbliche süße Früchte – die Maracujas.

## ZUWENDUNG

## IST FÜR DIE SÜDLICHEN GÄSTE IMMER NOCH DER BESTE DÜNGER.

**< | GEGENÜBER LINKS:**
Zitruspflanzen sind in vielen Arten und Formen zu bekommen. Auch in kleineren Töpfen bringen Zitronen *(Citrus limon)*, die gleichzeitig blühen und fruchten, den Süden pur in unsere Gärten.

**< | GEGENÜBER RECHTS:**
Öl- oder Olivenbäume *(Olea europaea)* erreichen an ihren natürlichen Standorten eine Höhe von über 10 m. Kübelpflanzen bekommt man ab 20 cm, aber schon die kleinsten tragen ein, zwei Früchte.

**^ | DIESE SEITE:**
Orangen, Zitronen, Limetten, Limonen – Josef Lederleitner liebt sie alle! Vom kleinsten Zwergstrauch bis zum baumhohen Veteranen, Markus' Vater weiß alles über seine Favoriten.

# 5. Geheimnis

## Ab ins Gemüse – der moderne Nutzgarten, Genuss & Therapie

FRÜHER WAR DER KÜCHENGARTEN ÜBERALL IN DEN LÄNDLICHEN GEBIETEN FÜR DIE SELBSTVERSORGUNG EINE REINE NOTWENDIGKEIT. HEUTE, BEI DEM IMMER GRÖSSEREN ANGEBOT UND DER VIELFALT AN BIOLOGISCH ANGEBAUTEM GEMÜSE UND KRÄUTERN AUS ALLER WELT IST EIN EIGENER GEMÜSEGARTEN WAHRSCHEINLICH SCHON SO ETWAS WIE EIN LUXUS!

Denn welch wunderbarer Genuss ist es, in selbst gezogene, sonnenwarme Tomaten (in Österreich „Paradeiser“) zu beißen, sich den Duft der frischen Kräuter um die Nase wehen zu lassen und tagtäglich frischen, vitaminreichen Salat zu ernten! Keine noch so zarte Zuckererbse oder grüne Bohne schmeckt besser als die selbstgezogene und so manch knackiges, erntefrisches Radieschen überlebt den Weg vom Garten in die Küche nie! Mit etwas Phantasie kann der Küchengarten so angelegt werden, dass er Auge und Gaumen gleichermaßen erfreut, denn auch hier sind den Gestaltungsmöglichkeiten keine Grenzen gesetzt.

Der Gemüsegarten kann in einen Blumengarten integriert werden oder ganz traditionell an einem vollsonnigen Gartenplatz, umgeben von einem Zaun oder einer kleinen Formschnitthecke, angelegt werden. Platzmöglichkeiten für Kräuter und Gemüse gibt es im kleinsten Garten, ein sonniges Eckchen für Schnittlauch, Petersilie, bunte Sommersalate und Stangenbohnen findet sich allemal. Auch auf Balkon oder Terrasse sind Kräuter und Gemüse im Topfgarten immer willkommen. Ein attraktiver Terrakottatopf mit roten Chilis, unterpflanzt mit ebenfalls essbarem Portulak oder die sehr beliebten

Cocktailtomaten sind Blickfang und appetitanregendes Sommergemüse zugleich. Vollsonnige Dachterrassen sind überhaupt ein idealer Standort für Gemüse wie Tomaten, Zucchini, Melanzani (Auberginen), Paprika, Gurken und Bohnen im Container. Zum Begrünen von Rankgerüsten auf Balkon und Terrasse eignen sich auch kletternde Zucchini, Gurken und grüne Bohnen. Bei entsprechender Pflege (Bewässerung, Langzeitdünger) kann man den ganzen Sommer über laufend ernten. Auch Küchenkräuter im Topf haben eine lange Tradition. Zu Salbei *(Salvia officinalis)*, Estragon *(Artemisia dracunculus)* oder Zitronenmelisse *(Melissa officinalis)* gesellt sich heute gerne das in der asiatischen Küche so beliebte Zitronengras *(Cymbopogon citratus)*. Es kann von Mai bis Oktober im Garten ausgepflanzt werden, muss aber eingetopft im Kühlen

< | **GEGENÜBER:**
Die Qual der Wahl hat man bei den Kürbissen *(Cucurbita)*. Die Sortenvielfalt ist sehr groß, neben den vielen Speisekürbissen gehören auch Zierkürbisse ins Beet. Hilfreich sind Namensschildchen für die Aussaaten. Da behält man immer den Überblick.

v | **UNTEN:**
Aus Kindern, die ihr eigenes Beet betreuen dürfen aber nicht müssen, werden begeisterte Gärtner. Farbenfrohes Blattgemüse wie der rotstielige Mangold, hier in Mischkultur mit Sellerie, ist gesund und zugleich dekorativ.

# GUTES GARTENWERKZEUG HÄLT SICH ÜBER GENERATIONEN.

^ | **OBEN:**
Gartenscheren, Steckhölzer, Grabegabeln oder Spaten – sein Gartenwerkzeug pflegt der Gärtner liebevoll und hält es in Ehren.

< | **GEGENÜBER:**
Blühende Einfassungen verleihen jedem Gemüsegarten das Flair der alten Bauerngärten. So können sich Nutzwert und Schönheit vollkommen ergänzen.

überwintern und davor stark zurückgeschnitten werden. Kräuter wie Weinraute *(Ruta graveolens)*, Echter Baldrian *(Valeriana officinalis)*, Eberraute *(Artemisia abrotanum)*, Borretsch *(Borago officinalis)* oder Thymian *(Thymus vulgaris)* kann man auch zur Zierde in ein gemischtes Staudenbeet oder zu Rosen setzen. Auch Grünkohl *(Brassica oleracea var. palmifolia)* oder roter Mangold *(Beta vulgaris convar. cicla)* geben zwischen bunten Sommerblühern wie Zinnien *(Zinnia elegans)*, Kosmeen *(Cosmos)* oder verschiedenen Sonnenblumen *(Helianthus)* ein schönes Bild. Bunte Salate wie Lollo rosso oder die verschiedenen Eichblattsalate machen sich prächtig als Beeteinfassung von Gemüsebeeten.

Um gut zu gedeihen braucht jedes Gemüse gut vorbereiteten Boden, von früh bis spät Sonne und Schutz vor starkem Wind. Geradezu ideal ist eine Steinmauer um davor Beete anzulegen oder eine Ziegelmauer, die den Gemüsegarten wie einen fürstlichen Potager umschließt. Wem ein gemauerter Schutz zu aufwendig ist, greift auf den guten alten Zaun zurück. Ein Lattenzaun oder ein fest geflochtener Weidenzaun hält auch einige Jahre. Das gibt einen guten Windschutz, sieht attraktiv aus und wird zur Stütze für kletternde, rot oder weiß blühende Feuerbohnen *(Phaseolus coccineus)* oder hellblaue Prunkwinden *(Ipomoea tricolor)*.

Lederleitner-Tipp | 11

## Gourmetgemüse

Wem Kraut und Rüben zu alltäglich sind, der sollte sich Artischocken (Cynara scolymus) und ihre Verwandtschaft, den Cardy (Cynara cardunculus), mit seinen fleischigen, essbaren Blattstängeln anbauen. Unkompliziert sind auch grüner und violetter Spargel (Asparagus officinalis), gelbe Zucchini (Cucurbita pepo „Golden rush“) und rosafarbene Rüben (Beta vulgaris „Chiogga“). Ausgefallen sind die als Knollenziest bekannten Japanischen Kartoffeln (Stachys sieboldii). Diese bilden kleine, 2 cm dicke und 4 cm lange weiße Knöllchen, die mit ihrem nussigen Geschmack, roh in den Salat geschnitten eine interessante Novität sind. Neue Gaumenfreuden bietet die Spargelerbse (Tetragonolobus purpureus). Dem Spargel im Geschmack sehr ähnlich, ist sie ganz jung zu ernten.

Gerade im Gemüsegarten können sich viele unerfüllte Sehnsüchte verwirklichen. Die Beobachtung und die tägliche Zuwendung zum Saatgut sowie den kleinen Pflänzchen verlangsamen die Abläufe unserer so hektischen modernen Welt und wirken schon fast wie eine Therapie gegen Stress. Die Entwicklung, das langsame Wachstum mancher Gemüsepflanzen lässt sich durch unsere immer schneller werdenden Kommunikationsprozesse und Wirtschaftsabläufe nicht beeinflussen und stellt so einen wohltuenden Kontrast zu unserem anstrengenden Alltag dar. Gießen und Jäten, Aufbinden und Auszupfen, dazwischen Erdbeeren naschen oder die ersten Karotten kosten – das alles ist äußerst erholsam, beruhigend und es macht Spaß! Sport in vernünftiger Dosierung, auch regelmäßige Besuche im Fitnesscenter sind zweifelsfrei gut für die Gesundheit, aber so mancher Leistungssport hat schon wieder Ähnlichkeit mit dem harten Alltagsleben. Im Garten gibt es zwar auch kleine Niederlagen und große Siege, aber Seele, Geist und Körper können sich voll entspannen und neue Kraft tanken.

Gemüse- und Obstgarten sind so interessante Aufgabengebiete, dass sie für manchen Freizeitgärtner wichtiger werden als kraftraubende Sportarten. Nach dem Jäten in gebückter

**< | ABBILDUNGEN LINKS:** Ganz junge Artischocken *(Cynara scolymus)* sind so zart, dass sie roh im Salat zur Delikatesse werden. Gekocht werden die größeren Knospen dieser einst als Aphrodisiakum geltenden Pflanze. Artischocken brauchen viel Platz, volle Sonne und durchlässigen Boden.

**> | GEGENÜBER UNTEN:** Wer große Flächen zur Verfügung hat, kann zum Selbstversorger werden. Lagerfähiges Gemüse wie Kraut und Kohl wächst hier in trauter Eintracht mit Mais. (Abb. links) Der Lederleitner-sche Nachwuchs wird von klein auf mit der Materie vertraut gemacht. Hubertus ist schon ein richtiger Salatexperte. (Abb. rechts)

**> | RECHTS:**
Die Wurzeln der Studentenblume *(Tagetes)* sollen verhindern, dass Schädlinge sich im Boden ausbreiten. Deswegen werden sie auch gerne in Gemüsebeete gesetzt. Die Artenvielfalt dieser beliebten Einjährigen reicht von kompakten niederen Büschen mit winzig gelben Blüten bis zu 1 m hohen Sträuchern, die von cremeweiß bis orange den ganzen Sommer über blühen.

# DIE LEIDENSCHAFT FÜR FRISCHES GRÜN BAUT FRÜHBEETKÄSTEN.

Haltung begibt man sich in den Obstgarten und lichtet die Überzahl an Äpfeln aus. Da vollführt man nicht nur eine Dehnungsübung, sondern fördert gleichzeitig das gezielte Wachstum der verbleibenden Früchte. Natürlich sollte man sich die Gartenarbeit so gut wie möglich erleichtern. Bodenverbesserung mit selbst angesetztem Kompost oder das Mulchen (Abdecken des Erdreichs mit Grasschnitt oder Stroh) sind Methoden, die gerade aus dem Gemüsegarten nicht mehr wegzudenken sind. Laute Versprechungen mancher Trendbücher aber, dass ein schöner und ertragreicher Garten ohne die geringste Anstrengung zu bekommen sei, sind schlicht und einfach eine Übertreibung. Gerade die tägliche Zuwendung, auch die körperliche Betätigung und Zufriedenheit nach getaner Arbeit machen einen Großteil der Freude am Garten aus. Außerdem: Von nichts kommt bekanntlich nichts! So mancher Hobbygärtner wurde im Laufe seines Gartenlebens

^ | **LINKS:**
Wenn Gurken *(Cucumis sativus)* oder Kürbisgewächse wie Zucchini *(Cucurbita pepo)* an Rankgerüsten oder Zäunen in die Höhe klettern können, spart das Platz im Beet und fördert ihre Entwicklung.

^ | **RECHTS & GEGENÜBER:**
In kühleren Klimazonen bringt der Anbau in Frühbeetkästen frühere und auch höhere Erträge. Empfindliche Pflanzen wie die Eierfrucht (oben) oder Aubergine *(Solanum melongena)* stellen hohe Wärmeansprüche. Im Vordergrund (gegenüber) wuchert eine weiß-grüne Besonderheit des Meerrettichs *(Armoracia rusticana)*.

**BASILIKUM** *(Ocimum basilicum)* – *Einjähriges Gewürzkraut mit vielen Sorten: großblättriges Basilikum, Zitronenbasilikum, kleinblättriges Basilikum, neapolitanisches Basilikum, rotes Basilikum. Wird etwa 45 cm hoch. Entweder im April ins Frühbeet säen oder ab Mitte Mai als Jungpflanze ins Freie. Die gekauften Pflanzen sind ins Beet oder in Töpfe zu setzen. Regelmäßig wässern und düngen, Blätter und Triebspitzen jung ernten, die Blütenknospen ausbrechen, um das Wachstum zu fördern. In Olivenöl eingelegt behält es sein Aroma. Eignet sich hervorragend zu Tomaten, Knoblauch in Salaten, Saucen, Nudelgerichten.*

**SCHNITTLAUCH** *(Allium schoenoprasum)* – *Mehrjährige Zwiebelpflanze mit kugeligen roten Blüten, die abgeschnitten werden um die Produktion der Blattröhrchen zu fördern. Schnittlauch kann den ganzen Sommer über geerntet werden und bevorzugt kalkreiche, humose, feuchte Böden. Kann ab Ende März direkt ins Beet ausgesät werden. Ältere Pflanzen können geteilt werden. Eingefroren behält er Aroma und Farbe. Schmeckt gut in Aufstrichen, Suppen, Saucen und zu Eiern.*

**PETERSILIE** *(Petroselinum crispum)* – *Unverzichtbar in jeder Küche! Empfehlenswerte Sorte: italienische, großblättrige Petersilie. Die zweijährige Pflanze ist winterhart und wird ca. 35 cm hoch. Von Mitte März bis Juli kann Petersilie im Abstand von 15-20 cm direkt ins Beet gesät werden. Regelmäßig gießen und laufend ernten, die Blüten abschneiden. Verträgt Halbschatten besser als volle Sonne und bevorzugt schwere, nicht saure Böden. Zum sofortigen Gebrauch oder Einfrieren geeignet. Immer erst kurz vor dem Garen verwenden.*

**ROSMARIN** *(Rosmarinus officinalis)* – *Würziges Aroma, nadelförmige immergrüne Blätter. Blüht rosa und weiß, die kriechende Form ist blau blühend. Sonniger Standort! Der so genannte Halbstrauch wird auch in der Topfkultur 50 bis 150 cm hoch und*

ist nur in sehr mildem Klima winterhart. Empfohlen wird helle, kühle Überwinterung im Kübel. Erdfeucht halten. Ältere Pflanzen werden im Frühjahr zurechtgeschnitten. Ernte das ganze Jahr über. Trocknen oder in Öl einlegen. Die nadeligen Zweige werden mitgekocht und vor dem Verzehr aus dem Gericht herausgenommen. Eignet sich zu Huhn, Lamm, zu Kartoffeln und Reisgerichten.

**OREGANO**, *Italienischer (Origanum x majoricum) – Mehrjährige winterharte Pflanze mit blassrosa Blüten. Ab April direkt ins Freiland säen oder Pflänzchen an trockene, sonnige Standorte mit durchlässigem Boden setzen. Ältere Pflanzen im Frühling stark zurückschneiden. Im Sommer ernten, wenn die Pflanze aufgeblüht ist. Die ganzen Stängel trocknen und die getrockneten Blätter zerreißen. Star der Italo-Küche in Würzmischungen, Pizza, Pasta und Saucen.*

**ESTRAGON**, *Französischer (Artemisia dracunculus ssp. gallica) – Das mehrjährige Würzkraut mit dem einzigartigen Geschmack ist nicht ganz winterhart (Schutz!). Estragon wird etwa 90 cm hoch und bevorzugt warme, trockene, geschützte Standorte mit humosem Boden. Regelmäßig gießen und die Blüten abschneiden. Kann im Sommer geerntet werden und wird im Herbst zurückgeschnitten. Wunderbar zu Huhn, Rind, Fisch und Salatsaucen aber auch als Tee.*

**KORIANDER** *(Coriandrum sativum) – Wird auch „Chinesische Petersilie" genannt und ist ein beliebtes Küchenkraut der asiatischen Küche. Die einjährige Blattpflanze gedeiht auf leichten, kalkhaltigen Böden in geschützter Lage. Für eine fortlaufende Ernte sollten laufend Folgesaaten vorgenommen werden und sehr frühe oder sehr späte Saaten im Frühbeet oder im Gewächshaus. In der modernen Fusion-Küche wird Koriander fein gehackt zu Gurken, Zucchini, zu Reis und in diversen Dressings verwendet wo es einen curryähnlichen Geschmack verbreitet.*

**< | GEGENÜBER:**
Für einjährige Küchenkräuter wie das sonnenliebende Basilikum oder das Sommerbohnenkraut *(Satureja hortensis)* ist die Topfkultur empfehlenswert. Aber auch ausdauernde Kräuter wie Oregano oder die wild wuchernden Minzen *(Mentha)* sind in Töpfen und Wannen gut aufgehoben.

**DIESE SEITE:**

**< | OBEN:**
Der Thymian ist ein kleiner, immergrüner Halbstrauch, von dem es viele verschiedene Sorten und Arten gibt, wie zum Beispiel Zitronen- oder Orangenthymian.

**< | MITTE:**
Scharlachrote Blüten schmücken den „Mandarinensalbei" *(Salvia elegans „Tanjarin")* mit süß duftenden Blättern.

**< | UNTEN:**
So hübsche Kräutertöpfe der gleichen Ausführung sind in vielen verschiedenen Größen zu bekommen.

**v | UNTEN LINKS:**
Auch der Lavendel passt gut in den Kräutergarten, benötigt er doch leichtes, durchlässiges Erdreich und einen vollsonnigen Standort wie der Großteil der mediterranen Gewürzkräuter.

zum begeisterten Selbstversorger mit Gemüse, Obst und Kräutern und durch die intensive Beschäftigung mit der Materie zum wahren Meister seines Fachs. Heute bekommt man sie ja auch wieder, die alten, wohlschmeckenden Obstsorten wie den Berner Rosenapfel oder die Blutbirne, verschollen geglaubte Gemüse wie Neuseeländer Spinat *(Tetragonia tetragonioides)*, Pastinaken *(Pastinaca)* oder Blaue Kartoffel („Vitelotte") sowie eine fast unüberschaubare Vielzahl an Salaten, Wurzeln und Kräutern.

Man kann sein Gemüse aus dem großen Samenangebot auswählen, beim Gärtner junge Pflänzchen kaufen, sich aber sein Saatgut auch aus den gesündesten und kräftigsten Pflanzen selbst heranziehen. Dies gelingt, indem man die Gemüsepflanzen blühen und fruchten lässt, das reife Saatgut erntet und die Samen trocknet. Das erfordert gute Grundkenntnisse und klappt nicht bei allen Gemüsesorten gleich gut. Manche Anbieter von Saatgut haben seit einiger Zeit Samenbänder und Samenscheiben im Programm, beispielsweise bei Karotten und Radieschen. Das erleichtert die Aussaat, da das Vereinzeln der Pflänzchen wegfällt.

## WÜRZIGE KRÄUTER BRINGEN DIE BESONDERE NOTE IN DEN GARTEN.

> | **RECHTS:**
Zu der würzigen Komposition von Rosmarin und Majoran *(Origanum majorana)* gesellte sich ein wildes Vergissmeinnicht *(Myosotis)* in das Kräutertöpfchen. Den lieblichen Frühlingsboten gibt es auch in Weiß und Rosa und es stört gar nicht, dass es sich ganz von selbst aussät.

< | **GEGENÜBER MITTE:**
Ganze Gewürzlandschaften lassen sich mit Kräutern in Töpfen gestalten. Pflanzt man verschiedene winterharte Würzkräuter in frostfeste Behältnisse, können diese im Freien überwintern.

< | **GEGENÜBER RECHTS:**
Das „Großblättrige oder Genoveser Basilikum" wurde hier neben „Bubikopfbasilikum" und „Basilico rosso" in einen alten Eimer gesetzt. Fängt Basilikum zu blühen an, knipst man die Knospen besser ab, um das Blattwachstum zu unterstützen.

Lederleitner-Tipp | 13

## Design für Gemüsebeete

Wer sagt denn, dass der Gemüsegarten immer als Rechteck, einem Bauerngarten gleich angelegt werden muss. Probieren Sie doch mal ungewöhnliche Formen für ungewöhnliches Gemüse. Eine Möglichkeit ist der kreisrunde Gemüsegarten mit einer Beetaufteilung wie Tortenstücke und einem Stachelbeerbäumchen in der Mitte. Praktisch ist auch eine regelmäßige Anzahl von gemauerten Beetkästchen aus Natursteinen oder frostfesten Ziegeln; eines für Tomaten, eines für Salat, eines für Buschbohnen, etc., alle im gleichen Format und ca. 1 m hoch. Man kann die Beetkästen auch aus Holz bauen und eine geflochtene Verkleidung aus Weide oder Kastanienästen dazu verwenden. Beetkästen sehen gut aus und sind leicht unkrautfrei zu halten.

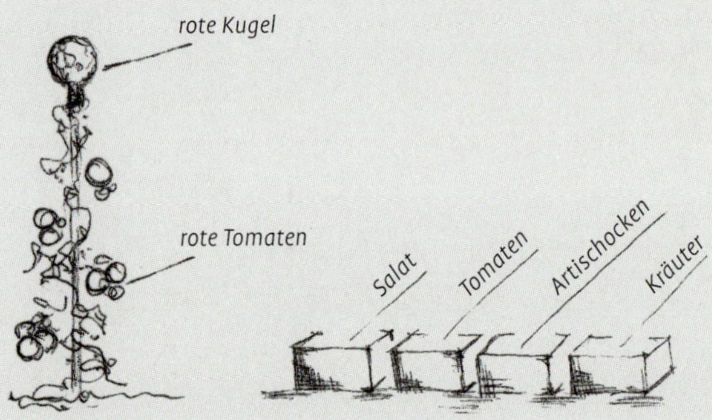


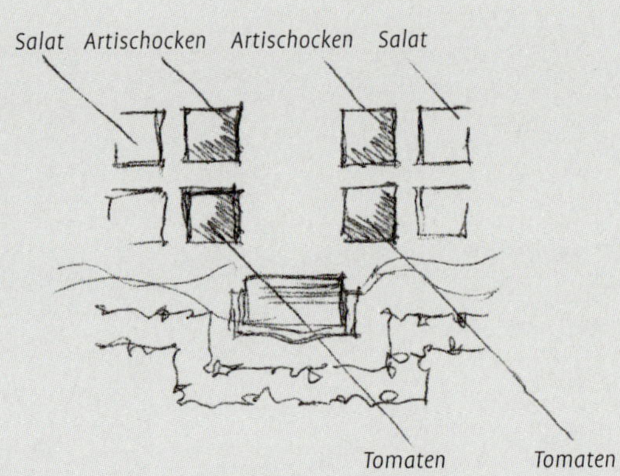


1

2

3

4

**^ | VORIGE SEITE:**
Hier wurde die leichte Hanglage ausgenutzt, um dem Gemüsegarten einen geschützten Platz zu geben. Abgemauert wurde mit Natursteinen, die die Wärme gut speichern. So werden empfindlichere Pflänzchen gut geschützt.

**< | ABBILDUNG 1:**
Ein traditioneller Bauerngarten mit Einfassungen aus niederen Buchshecken kommt wohl nie aus der Mode. So war er ursprünglich in ganz Mitteleuropa gebräuchlich. Gewürzkräuter, Salate, Kartoffeln und Blumen werden hier in Wechselfolgen angebaut.

**< | ABBILDUNG 2:**
Im Zentrum dieses als Kreis angelegten Gemüsegartens wachsen Gurken, Salate und Rote Melde *(Atriplex hortensis var. rubra)*.

**< | ABBILDUNG 3:**
Kräuter wie Thymian und sein wilder Verwandter der Steinquendel *(Thymus pulegioides)* finden vielfältige Verwendung. Im Kräutergarten, aber auch in Steilhängen oder auf Steinmauern verbreiten sie neben Lavendel ihren zarten Duft.

**< | ABBILDUNG 4:**
Namensschildchen zum Beschriften der verschiedenen Beete sind immer empfehlenswert. Gerade bei Mischkulturen sollte man wissen, was ausgesät wurde, um die Nachbarsaat dementsprechend zu gestalten.

> | **ABBILDUNG 1:**
Raffiniert wird hier das Wachstum von Zuckermelonen gefördert. An der Wand des Frühbeetkastens wurden mit Wasser gefüllte Flaschen aufgestellt. Diese strahlen Wärme ab und die Melone wird süß.

> | **ABBILDUNG 2:**
Die Vielfalt der Blattsalate wird von Sommer zu Sommer größer. Kopf- und Pflücksalate sind heute viel mehr als nur „Grüner Salat". Von Rostrot über bräunliches Grün, Maigrün und verschiedene Sprenkelnuancen reicht die Farbpalette.

1

2

4

5

< | **ABBILDUNG 5:**
Auch bei Paprika *(Capsicum)* ist die Auswahl beträchtlich. Ideal für die Anzucht von Gemüsepaprika ist das Frühbeet oder ein ungeheiztes Gewächshaus. Gewürzpaprika oder Chili gedeihen auch im Topf, sogar im Zimmer an einem Südfenster.

3

**< | ABBILDUNG 3:**
Studentenblumen, hier eine gestreifte Art, werden gerne als Unterpflanzung zu Tomaten gesetzt. Die „Reisetomate“ aus Südamerika – entlang ihrer Einschnürungen kann man Teile davon abbrechen, ideal auf Reisen – wird besonders von Kindern geliebt.

**< | ABBILDUNG 4:**
Ein äußerst dankbares Gemüse ist der beliebte Kürbis. Er lässt sich auf unterschiedlichste Arten zubereiten und verspeisen, der Gärtner gewinnt mit riesigen Exemplaren Preise und seit sich in unseren Breiten „Halloween“ eingebürgert hat, dient er auch als Erntedank-Gespenst.

# 6. Geheimnis



## Die Farben des Gärtners – wunderbare Vielfalt

WIE MALER AUS DER FÜLLE IHRER REICHEN FARBPALETTE BILDERWELTEN SCHAFFEN, SO STEHT DEM GÄRTNER DIE GROSSE WUNDERBARE VIELFALT DER BLUMENFARBEN ZUR VERFÜGUNG. AUF VIELE PFLANZEN, DIE IN DEN ENGLISCHEN GÄRTEN, ABER AUCH IN FRANKREICH ODER HOLLAND GANZ UNPROBLEMATISCH GEDEIHEN, MÜSSEN WIR IM DEUTSCHSPRACHIGEN RAUM WOHL ODER ÜBEL KLIMABEDINGT VERZICHTEN.

Eine wichtige Gestaltungsmöglichkeit im Garten ist aber völlig unabhängig von eisigen Wintern und Spätfrösten im Mai: Das Spiel mit den Farben von Blüten und Blättern, denn Farben richtig eingesetzt sind das Um und Auf in den Blumenbeeten. Sie schaffen liebliche oder auch theatralische Stimmungen und bringen den Garten zum Leuchten. Und es sind nicht nur die Blütenfarben, die ein gelungenes Bild ausmachen. Auch die so unterschiedlichen Grün-, Rost- und Silbertöne des Blattwerks spielen beim Einsatz von Farbe eine große Rolle. Grundsätzlich ist da natürlich einiges zu beachten. Wenn ein harmonisches Gartenbild angestrebt wird, sollten zu starke Kontraste von Hell und Dunkel oder willkürlich gewählte Anordnungen von zu grellen oder kostrastreichen Farbtönen tunlichst vermieden werden. Auch einfarbig gestaltete Gartenräume wie rein weiße, gelbe, blaue oder rote Gärten nach englischem Vorbild

> | **LINKS:**
Eine große Palette von Blautönen findet man beim Rittersporn *(Delphinium)*. Dieses etwas rötliche Dunkelblau schafft aparte Kontraste bei sommerlichen Kombinationen.

> | **MITTE:**
Das strahlende Gelb des Felberichs *(Lysimachia punctata)* verbreitet seine Leuchtkraft in bunten Farbmischungen ebenso wie als gelber Teppich.

> | **RECHTS:**
Harmonie und Entzücken verbreitet das zarte Rosa des zweijährigen Fingerhuts *(Digitalis purpurea)*, der sich durch Selbstaussaat in den Beeten verbreiten kann.

sind nur dann empfehlenswert, wenn ein Grundstück ausreichend groß ist. Ansonsten wird es zum Flickenteppich, der das Auge eher verwirrt als erfreut. Wer glaubt, wenig Farbgefühl zu besitzen, der sollte sich tiefer in die Thematik einlassen und sich mit dem gesamten Spektrum des Farbenkreises auseinandersetzen. Doch so mancher Gartenliebhaber kann sich auf seine persönlichen Farbvorstellungen verlassen und lernt mit der Zeit, wie am besten damit umzugehen ist. Eine der vielen Möglichkeiten ist es, sich von den gewünschten Pflanzengruppen am Papier Farbskizzen zu machen. Das ist einfacher, als letztlich so manches Pflänzchen, das nicht dazupasst wieder auszugraben. Die ganze Geschichte mit Farbe, Form und Struktur der Pflanzen ist ganz schön komplex, will man seinen Garten wie ein Bild komponieren. Vorder- und Hintergrund, Licht- und Schattensituationen, Pflanzengrößen und Farbrhythmen – vieles ist zu berücksichtigen. Nach wie vor ist es am besten, sich auf die eigenen Gefühle zu verlassen und jene Farben auszuwählen, die man am meisten liebt. Eine Dame, deren Haus in einem großen, sehr alten

**v | UNTEN:**
Durch Tupfer von Gelb, blassem Rot, Rosa und graustichigem Blattwerk entstehen lebhafte aber doch sanfte Farbkompositionen, die der Kiesbelag des Weges noch unterstreicht.

Garten steht, bepflanzt das direkte Umfeld ihrer Terrasse mit farbigen Blütenstauden instinktiv und weil sie ihr am besten gefallen ausschließlich in Rot- und Gelbtönen. Dort in der vollen Sonne, mit dem Schatten der alten Bäume und Sträucher im Hintergrund, kommen die warmen Farben Rot, Gelb und Orange in Kombination mit immergrünen Buchskugeln besonders gut zur Geltung. Zarte Pastellfarben wie Weiß, Rosé oder Blau würden an dieser Stelle glatt verblassen.

Als Orientierungshilfe betrachte man sich auch die Klimazonen. In besonders heißen Regionen mit überwiegend grellem Sonnenlicht sind die Farben der Blumen und Pflanzen stark und leuchtend wie die des Hibiskus oder Bougainvillea. Liegt ein Garten an einem heißen Südhang, verlangt die Farbgestaltung nach starken Farben, die auch in der Sonne ihre Leuchtkraft behalten. In den gemäßigten Zonen mit viel

## Der grüne Garten

*Kleinere Gärten, Patios oder einzelne schattige Bereiche in einem Hof- oder Stadtgarten eignen sich besonders für die Überlegung eines ausschließlich in Grüntönen angedachten Gartens. Vornehme Zurückhaltung und Eleganz zeichnen den grünen Garten aus. Immergrüne Laubgehölze wie Buchsbaum, Kirschlorbeer (Prunus laurocerasus), Rhododendron in Arten, Stechpalmen (Ilex), immergrüner Duftschneeball (Viburnum odoratissimum), und Nadelgehölze wie Eiben (Taxus baccata) bringen einen gewissen herrschaftlichen Ausdruck und Würde in das Ambiente und sorgen so für Ruhe und Ordnung. Um diese statische, sich jahreszeitlich wenig verändernde Wirkung etwas aufzulösen braucht der grüne Garten die Unterstützung von krautigen Blattstauden bzw. Gehölzen, die durch unterschiedliche Strukturen und vielfältigste Grünvariationen einen weichen Kontrast bilden. Steinvasen oder Terrakotta-Amphoren, bepflanzt mit herabhängenden Efeuranken unterstreichen die grüne Idylle.*

**< | GEGENÜBER:**
Trotz einiger Einsprengungen von Weiß und Gelb überwiegt hier die grüne Gestaltung. Mit der Wahl von unterschiedlichen Grüntönen wird die Eleganz eines Bereiches noch unterstrichen.

**> | LINKS:**
Die strengen Schnittkanten der Buchsbaumeinfassungen werden durch das fedrige Laub der Kosmeen *(Cosmos)* etwas aufgelockert.

## IMMERGRÜNE SIND DAS HERZ DER PFLANZENARCHITEKTUR.

**> | OBEN RECHTS:**
Die Bergenie *(Bergenia)* im Vordergrund blüht zwar im Frühling von weiß, blassrosa bis dunkelrosa aber der eigentliche Blickfang sind die lockeren Horste fleischiger Blätter, die sich im Herbst rötlich verfärben.

Grün und einem überwiegend grau-blauen Himmel sind mildere Töne wie Rosa, Lila, Blau oder Mauve, weiches Weiß oder Blassgelb in Kombination mit grau- und silberlaubigen Blättern sicher die bessere Lösung. Natürlich spielt auch das Umfeld eine bedeutende Rolle. Einen ganz kleinen Garten oder Innenhof wird man farblich eher Ton in Ton anlegen. Eine Möglichkeit wäre es, an der weißen Hausmauer tiefrosa Kletterrosen und dazu hellrosa Klematis zu pflanzen. Abgerundet wird dieses Bild durch einen am Fuß der Kletterpflanzen gesetzten Lavendel. Eine rosa blühende Sorte wie *Lavandula angustifolia* „Loddon Pink" wirkt mit seinem grau-grünen Laub und den zartrosa Blütchen frisch und fördert die Harmonie der Pflanzung.

Ein buntes Farbenspiel erlaubt der ländliche Garten im Stil der traditionellen Bauerngärten. Vor einem schlichten Holzzaun sind kunterbunte Farbmischungen aus hellem Rot kombiniert mit Blau, Weiß und Gelb, dazu etwas Violett und Orange durchaus ansprechend. Farbtöne sind auch immer eine Sache der Jahreszeiten. Das Gelb des Frühjahrs – von Forsythien *(Forsythia)* und gelben Windröschen *(Anemone ranunculoides)* – ist ein anderes als das Gelb des Hochsommers, beispielsweise das der Goldrute *(Solidago canadensis)* oder der einjährigen Sonnenblumen *(Helianthus annuus)*. Im Frühling freut man sich über das erste Rot der Tulpen *(Tulipa)*, auch wenn Rot sonst eher sparsam eingesetzt wird, und im Licht des Monats April wirkt eine größere Fläche mit rosaroten, weißen und gelben Tulpen, kombiniert mit hellblauen Vergissmeinnicht *(Myosotis)* fröhlich. Ende Mai aber gefällt dieses Beet mit Stauden in aufeinander abgestimmten Farben wie beispielsweise nur Rosa und Gelb einfach besser. Vieles ist natürlich Geschmackssache wie die Auswahl der Garderobe. Einem steht ein tiefes Violett wunderbar, ein andere wirkt in dieser Farbe eher verloren. So ist es auch mit den Gartenräumen. Eine große, naturnah gestaltete Fläche, etwa ein sanfter Hügel mit einer Baumgruppe im Hintergrund, bekommt durch die Bepflanzung mit Storchschnabel in Magentarot eine dynamische Wirkung. Dasselbe tiefe Lilarot verfehlt diese Wirkung vor einer gelben Hausmauer. Hier sieht es eher aufdringlich aus.

Ein durchgestylter weißer Garten hat etwas sehr Verführerisches, doch ist auf dem Grundstück kein Platz für andere Farbthemen, kann das schnell ermüdend oder sogar langweilig werden. Wenn für den weißen Traumgarten wirklich zu wenig Platz vorhanden ist, setzt man Weiß am besten in Tupfern oder als einzelne Beete oder Rabatten ein. Weiß entfaltet seinen ganzen Zauber im Dämmerlicht und macht sich besonders gut unter Bäumen, beispielsweise als bodendeckendes, weiß blühendes Immergrün *(Vinca minor „Alba")*. Vor einer dunkelgrünen Eibenhecke *(Taxus)* wirken Madonnenlilien *(Lilium candidum)* neben niederen weißen Strauchrosen, eventuell „Little White Pet", edel und romantisch.

Ein helfender Faktor ist immer die Zeit, denn kein Garten, keine Farbgestaltung entsteht von heute auf morgen. Auch sollte man den Platz variabel kalkulieren, um gegebenenfalls ein bisschen erweitern zu können. Zu bedenken ist auch, dass die kleinen Pflänzchen zu stattlichen Pflanzen heranwachsen, doch für die Anuellen (Einjährige), die direkt in die Beete gesät werden, findet sich immer ein Plätzchen. Gefällt das weiße Beet so nicht mehr, sät man zartgelbe oder apricotfarbene Sommerblüher dazu, in der nächsten Saison kann dann eine andere Farbe zum Weiß kombiniert werden.

**v | LINKS OBEN:** Der Charme einer blühenden Margeritenwiese *(Argyranthemum)* ist nicht zu überbieten. Sie sind nicht sehr anspruchsvoll und gedeihen im leichten, durchlässigen Boden in voller Sonne.

**v | LINKS UNTEN:** Mit fragilen Blüten wie aus zartem Seidenpapier leuchten die gelben Mohnblumen. Alpen- oder Islandmohn *(Papaver alpinum* oder *Papaver nudicaule)* gedeiht an sonnigen Standorten wie Böschungen oder Steingärten.

**v | MITTE:**
An Teichrändern oder vor Gehölzgruppen im Halbschatten machen sich robuste Stauden wie diese *Ligularia* immer gut. Aus rundblättrigem schwarzrotem Laub strahlen goldgelbe Blütenköpfe.

**v | RECHTS UNTEN:**
Die Zwerg-Strohblume *(Helichrysum depressum)* eignet sich durch ihre silbrigen Pölsterchen mit Unmengen weißer Sternchenblüten als ideale Vordergrundpflanze im sommerlichen Staudenbeet.

Lederleitner-Tipp | **15**

## Schattenfarben – Sonnenfarben

*Sollen dunkler gelegene Stellen beleuchtet werden, greift man besser zu zarten, aber hervorstechenden Farbtönen wie Pink oder Azurblau. Wenn ein „Hanging Basket" in einen Obstbaum gehängt wird, setzt man besser eine leuchtende, dunkelrosa-weiße Fuchsie (Fuchsia) in das Körbchen und keine blassrosafarbene. In die Baumscheibe zu Füßen des Baumes kann man leuchtend blauen Storchschnabel (Geranium „Johnson's Blue") oder goldblättrige Funkien (Hosta fortunei) pflanzen. Auch Bodendecker wie die Taubnessel (Lamium) oder die Goldnessel (Lamium galeobdolon) mit silbrigen oder gelb gerandetem Laub und gelben, weißen oder purpurnen Blüten leuchten richtig aus dem Schatten heraus.*

*Mit warmen Farben wie Rot, Orange und Gelb kann man nur auf wirklich weitläufigen Flächen großzügig umgehen und sonnig gelegene Wiesenflächen in eine strahlende Farborgie verwandeln. Aber von diesen warmen Farben gibt es ja die verschiedensten Zwischentöne wie dunkles, fast schwarzes Rot, das als Tupfer eingesetzt ein richtiger „Hingucker" sein kann. Orange belebt punktuell die Sonnenbeete, meterweise verwendet braucht es aber viel Platz um nicht zu blenden. Gelb, vertikal eingesetzt, zum Beispiel als Steppenkerze (Eremurus) im Frühsommer oder Königskerze (Verbascum) im Hochsommer, wirkt sehr reizvoll, doch auch Gelb sollte eher als Akzent und nicht als volle Farbfläche eingesetzt werden. Werden die warmen Farben lieber flächig verwendet, sollten man viele verschiedene Pflanzen – unterschiedliche Blüten und Blattformen – in diesen dominanten Farben auswählen.*

# BUNTE LEUCHTFEUER IM BLUMENBEET

**^ | OBEN LINKS:**
Von Orange bis Tiefbraun, Dunkel- oder Scharlachrot blüht der Goldlack oder Schöterich *(Erysimum cheiri)*, eine in Bauerngärten gerne gezogene zweijährige Pflanze, die sich zwischen Tulpen sehr hübsch macht.

**^ | OBEN RECHTS:**
Mit ihrer vielfältigen Farbenpracht von Cremeweiß und Zitronengelb, dem üblichen Orange bis hin zu tiefen Rottönen blühen die Taglilien *(Hemerocallis)* vom Frühsommer bis in den Herbst unermüdlich.

**> | GEGENÜBER:**
Wenn sich die Sonnenbraut *(Helenium)* in Gelb- und Orangetönen mit hellgelben Sonnenhüten *(Rudbeckia)* und rosaroten Fetthennen *(Sedum)* zu wilden Farbenspielen vereint, dann hat der Sommer endgültig seinen Höhepunkt erreicht.

**< | LINKS:**
Strahlendes, reines Weiß wie hier die Afrikanische Schmucklilie in ihrer weißen Form wirkt en masse eingesetzt eher etwas kühl. Mischt man aber weiß blühende Pflanzen zu anderen Farben wie blau oder rosa, so erzielt man eine gewisse Frische.

**ABBILDUNGEN GEGENÜBER:**

**> | OBEN LINKS:**
Weiß-grün gestreifte (panaschierte) Gräser, wie das Reitgras *(Calamagrostis x acutiflora* „Overdam“*)* bringen Raffinesse in eine weiße Bepflanzung. Dazu passen weiße, einjährige Kosmeen mit fedrigem Laub, die bis Oktober blühen.

**> | OBEN RECHTS:**
Dunklere Gartenwinkel wie eine Mauer, ein alter Obstbaum oder Schuppen lassen sich mit weißen Kletterrosen leicht erhellen. Im Dämmerlicht strahlen die büschelig weiß blühenden, pomponförmigen Blüten der Ramblerrose „Félicité et Perpétue“.

v | **UNTEN:**
Der Großteil aller europäischen, in Weiß gehaltenen Gärten orientiert sich an dem berühmten „White Garden“ von Sissinghurst Castle, den Vita Sackville-West im Jahre 1950 angelegt hat. Eingerahmt von strengen Buchsbaumumrahmungen wachsen hier ausschließlich weiß blühende Pflanzen.

**< | OBEN LINKS:**
Ganze Teppiche in Hellgrau verbreitet der Wollziest *(Stachys byzantina)*. Von Frühling bis Herbst bedecken die pelzigen Blätter als Unterpflanzung oder als Vordergrundpflanze große Flächen. Im Juni erscheinen Silberkerzen mit zartrosa Blüten.

**< | UNTEN LINKS:**
Wie kleine Ohren wirken die Blätter des wolligen Ziests, hier eine größere Art mit gelblichem Laub und purpurnen Blüten (*Stachys byzantina* „Primrose Heron").

**< | UNTEN RECHTS:**
Das Heiligenkraut mit seinen silbrigen Nadeln ist eine anspruchslose Pflanze, die bei regelmäßigem Formschnitt auch als Einfassung hübsch wirkt. Liebt sonnige, trockene Standorte.

**^ | VORIGE SEITE:**
Graulaubige Pflanzen, hier eine Vexiernelke *(Lychnis coronaria)*, haben eine auffallende Komponente. Durch den Kontrast zwischen den silbergrauen Blättern und den kleinen karminroten Blüten erweckt diese, sich eifrig selbst vermehrende Pflanze, einen fröhlichen Eindruck.

**> | GEGENÜBER:**
Sehr breite Blätter und ein kompakter Wuchs machen den Küchensalbei (*Salvia officinalis* „Berggarten") zur attraktiven Begleitpflanze, wie hier neben Katzenminze *(Nepeta)* im Staudenbeet.

^ | **OBEN:**
Rosatöne sind für die Farbgestaltung mit Pflanzen unentbehrlich. Mit Rosa, hier eine altrosa Schafgarbe *(Achillea millefolium)*, die im Verblühen verblasst, lassen sich sehr sanfte Farbstimmungen erzeugen.

> | **RECHTS:**
Zusammen mit dem Kirschrosa der Rose im Hintergrund entstand durch das Blau der Ballonblume *(Platycodon grandiflorus)* eine klassische Farbkombination.

^ | **OBEN:**
Durch das zarte Lila der Rhododendronblüten wird die Dominanz dieses eindrucksvollen Gehölzes wesentlich gemildert. Mit Rot- oder Gelbtönen erzielt man eine andere, stärkere Wirkung.

< | **LINKS:**
So ein eher unauffälliges Rosa wie das der Englischen Rose „Heritage“ wird durch Kontrastfarben wie Dunkelblau oder Kardinalrot angehoben. Durch Weiß oder Hellgelb wird die Zartheit eher unterstützt.

v | **UNTEN:**
Die Wirkung der rosafarbenen Wolken, wie sie hier in Form der kleinen Strauchrose „The Fairy“ über eine Stützmauer rieseln, wird durch das dunkle Blattwerk des Efeus wesentlich verstärkt.

**< | GEGENÜBER:**
Blau blühende Pflanzen sind im Garten in der Minderheit, daher besonders beliebt. Sie bringen ein geheimnisvolles Flair in das Grün. Die blau-violetten Blüten der Tellerhortensie *(Hydrangea serrata)* bezaubern durch Form und Farbe.

**> | LINKS OBEN:**
Die besonders schöne, großblumige, intensivblaue Waldrebe *(Clematis „General Sikorski“)* zieht von Juli bis in den Frühherbst alle Blicke auf sich.

**> | LINKS UNTEN:**
Saurer Boden und ein halbschattiger bis schattiger Standort lässt zusammen mit ausreichend Feuchtigkeit bis zu 2,5 m hohe und ebenso breite Büsche der Gartenhortensie entstehen.

**∧ | OBEN:**
Blauer Schatz der Gärten wurde der Rittersporn schon genannt. Ganz zu Recht, denn diese mehrjährige Staude mit ihren vielen Blautönen darf in keinem Sommergarten fehlen.

# 7. Geheimnis



## Vom Garten ins Haus – Dekorationen mit Charme

EINER DER VIELEN WUNDERBAREN VORTEILE AM EIGENEN GARTEN IST DER TÄGLICH FRISCHE BLUMENSCHMUCK. SO WIE MAN DAS EIGENE OBST DIREKT VOM BAUM, FRISCHE KRÄUTER UND GEMÜSE VOM BEET WEG JEDEN TAG GENIESSEN KANN, MACHT DAS DEKORIEREN MIT BLUMEN AUS DEM EIGENEN GARTEN GROSSE FREUDE.

Sich tagtäglich die Natur ins Haus zu holen ist der wahre Luxus und bedeutet auch, die Jahreszeiten viel intensiver zu erleben. Frisch gepflückte Blumensträuße, Äste, Gräser und Beeren sind der schönste Schmuck und die spontanste Art der Dekoration überhaupt. Es müssen nicht immer nur große, aufwendige Arrangements sein, schon die ersten Tulpen in einem Wasserglas am Küchentisch bringen Freude und machen einen Raum wohnlicher. Blumen sind der lebendigste Raumschmuck und die Beschäftigung mit den Pflanzen aus dem eigenen Garten vertieft die Beziehung zur vorhandenen Pflanzenwelt sehr. Erst wenn wir unsere Blumen im Garten schneiden, sie ins Haus hereinholen, sortieren und ihre Farben und Düfte besser wahrnehmen, wird der Wert, die Bedeutung, die Struktur einer Pflanze erkannt, die sonst in der Vielfalt eines Beetes eher untergeht.

Für größere Anlässe wie Tauffeiern, Hochzeiten oder einen privaten Empfang wie ein großes Sommerfest ist die kreative Binderei des Floristen sehr ans zu Herz zu legen, die Blumen des Alltags, sozusagen die „Früchte" der Gartenarbeit, dekoriert man am liebsten selber und ganz unprätentiös.

Wenn im zeitigen Frühjahr die Auswahl an blühenden Pflanzen noch gering ist und vielfach nur grüne Spitzen aus der Erde herausschauen, so belässt man die ersten Blüten wie Krokusse oder Frühtulpen

**v | UNTEN :**
Weiße Sträuße wie dieser aus Gartenranunkeln *(Ranunculus asiaticus)* oder einige Zweige der Brautspiere *(Spiraea cinerea)* in einer kleinen Vase erfreuen das Herz.

lieber noch im Beet. Einige der weichen Äste von Spiersträuchern *(Spiraea)* oder Birken *(Betula)* zeigen schon grüne Spitzen. Daraus kann man einen zarten Kranz winden, der in einer flachen, mit Wasser gefüllten Schale und hineingestreuten Köpfchen der ersten Gänseblümchen *(Bellis perennis)* besonders hübsch aussieht. Der spielerische Umgang mit den Blumen, das heißt lieber Streuen als Stecken, lieber viele kleine Fläschchen mit Knospen aufstellen als steife Sträuße in pompöse Vasen zu arrangieren, wirkt immer sehr persönlich und direkt. Im Frühling ist man ja besonders süchtig nach den ersten Blüten. Verschiedenfarbige Tulpenknospen in einer Reihe von hübsch geformten Limonadefläschchen oder kleinen Vasen sind ein wahrer Blickfang. Ins Doppelfenster gestellt halten sie länger frisch und erwecken mit Sicherheit Frühlingsgefühle. So um Ostern geht es mit der ersten Blütenpracht aber wirklich los. Die

v | **UNTEN LINKS:**
Hübsche Effekte erzielt man mit Wiederholungen. Zwei Rosen derselben Farbe in zwei gleichen Vasen machen weit mehr her als nur ein Exemplar. Kleine, zarte Blumen und kleine Väschen eignen sich gut dazu, viele in einer Reihe zu platzieren.

v | **UNTEN RECHTS:**
Rosen und Lavendel eignen sich immer gut als sommerliche Tischdekoration. Ein Sträußchen zu jedem Gedeck duftet nicht nur richtig gut, es sieht auch hübsch aus und erfreut die Gäste, die den Sommergruß mit auf den Weg bekommen.

# DEN SOMMER MIT SCHWIMMENDEN BLÜTEN FESTHALTEN.

Wiese ist schon richtig grün, unter den Bäumen blitzen Buschwindröschen, die ersten Osterglocken öffnen ihre Blütenköpfe und betteln geradezu darum ins Haus hereingeholt zu werden. Narzissen sollte man immer solitär ins Wasser stellen, da sie einen milchigen Saft absondern, der den anderen Blumen nicht gut bekommt. Die mit hellgrünen Blättchen geschmückten Birkenzweige halten dies jedoch aus und sind eine passende Ergänzung, um ganze Arme voll Tazetta-Narzissen in Weidenkörbe zu packen, die das mit Wasser gefüllte Behältnis gut verbergen. Auf einem Eisentischchen im Eingangsbereich wirken die gelb-weißen Sträuße körbchenweise wie der pure Frühling.

Früher hat man verwelkende Blumen einfach weggeworfen, heute gehört der Prozess des Vergehens genauso zur Raumdekoration wie die Hochblüte. So manchen Strauß kann man in

**< | GEGENÜBER:**
Wenn von den großen Sommersträußen schon einige Blüten herabgefallen sind, muss man die nicht gleich wegwerfen. Schwimmend in einer großen Vase oder in einem Goldfischglas wirken sie noch einige Zeit attraktiv.

**^ | OBEN:**
Einfach von Margeriten abgezupfte Blütenblätter über Teller oder so wie hier über Muschelschalen gestreut wirken ebenso dekorativ wie diese Mischung aus Schwimmkerzen und Rosenblättern.

Lederleitner-Tipp | **16**

## Fruchtige Arrangements

*Ganz abgesehen davon, dass der Zierapfel (Malus) im Mai durch seine hübschen Blüten von Weiß über Blassrosa zu Pink jeden Garten bereichert, sind die Früchtchen dieser 3 m bis 6 m hohen Gartensträucher äußerst dekorativ. Da gibt es ganz kleine, dunkelrote Äpfelchen, die wie Kirschen im Herbst aussehen (Malus „Crittenden"), gelbliche mit roten Bäckchen (Malus „Evereste"), leuchtend rote (Malus „Red Sentinel") und viele mehr. Ganze Äste mit Zieräpfeln kombiniert mit dem leuchtenden Blattwerk des Japanischen Ahorns (Acer japonicum „Aconitifolium") oder Fächerahorns (Acer palmatum) ergeben faszinierend schöne Herbststräuße.*

der Vase langsam trocknen lassen, ohne besondere Methoden des Konservierens anzuwenden. Dazu eignen sich besonders alle Rosen, Schleierkraut *(Gypsophila)* und etwas ledrige Blätter wie die von Rhododendron oder Azaleen *(Rhododendron)*. Auch alle Kräuter sehen in eingetrocknetem Zustand lange gut aus.

Ob als gebundenes Sträußchen an der Eingangstür oder über dem Spiegel, getrocknete Rosen wirken immer sehr romantisch. Gerade erst aufgeblühte Rosen kann man direkt unter der Blüte schneiden und sie mit wenig Wasser in niedere Gläschen, wie sie für Teelichter gedacht sind, legen. Das Wasser verdunstet mit der Zeit und die Rosenblüten können langsam eintrocknen, ihre Farbe behalten sie über einen längeren Zeitraum. Eine ganze Reihe solcher Gläschen, so sechs bis zehn Stück auf einem Bord, einem niedrigen Kasten oder einer Kommode erfreuen es lange, das Gärtnerherz. Besonderen Charme verbreiten ganz viele getrocknete Rosenknospen. In einem gläsernen Windlicht, rund um eine dicke Kerze, zeigen sie ebenso dekorative Wirkung wie in einem Säckchen aus Tüll oder Organza. Zwischen Bildern an der Wand montiert bringen solche Säckchen mit Trockenrosen immerwährende Erinnerungen an den Sommer.

**< | DIESE SEITE:**
Die Blüten von Hortensien, die sich im Verblühen von rötlich bis grün verfärben, eignen sich in Kombination mit Zieräpfeln, bunten Blättern und Kräutern gut für herbstliche Türkränze.

**> | GEGENÜBER:**
Jede Jahreszeit hat ihre besonderen Blüten. Im Frühsommer zieren gelbe Iris und süß duftendes Geißblatt, rosa Rosen und späte Akeleien zusammen mit Frauenmantel den aparten Korb am Küchentisch.

## ALLE FRÜCHTE UND BLÜTEN DES GARTENS FINDEN BEI DEN

^ | **OBEN:**
Vom Garten ins Haus marschiert hier der Herbst persönlich! Auch Anna und Hubertus freuen sich über Kürbisse und Zieräpfel, Weinblätter und Nüsse, die der Garten jetzt hergibt.

Garten- und Wiesenblumen verkörpern immer eine gewisse Ungezwungenheit, auch dann, wenn man nur Blumen in einer Farbe verwendet wie zum Beispiel einen großen Sommerstrauß ganz in Blau bestehend aus Rittersporn *(Delphinium elatum)*, Witwenblumen *(Scabiosa caucasica)*, Schopflavendel *(Lavandula stoechas)*, Wiesensalbei *(Salvia pratensis)* und Kornblumen *(Centaurea cyanus)*. In einem schlichten weißen Porzellankrug kommt eine so einfärbige Mischung am besten zur Geltung. Zieht man eine etwas weniger ländliche Variante vor wirkt eine blaue, rund- oder viereckige Glasvase sehr elegant.

Je weiter der Sommer voranschreitet, desto größer werden die Sträuße. Sonnenblumen mit ihrer Leuchtkraft und imposanten Größe sollten eher sparsam oder am besten einzeln eingesetzt werden. Eine große Menge dieser Blumen wirkt immer etwas aufdringlich und verlangt nach

LEDERLEITNERS ZU JEDER JAHRESZEIT IHREN WEG INS HAUS.

großen Räumen. Die mehrjährigen Variationen diese Sonnenkindes, *Helianthus multiflorus* oder *Helianthus maximilianii*, sind jedoch zarter im Wuchs, haben kleinere Blütenköpfe und eignen sich besonders für gemischte Hochsommergebinde. Doch nicht nur die Blumen lassen sich zur sommerlichen Dekoration verwenden. Wer große Obstbäume sein eigen nennt, kann Zweige mit kleineren Früchten wie Kirschen oder Mirabellen kurz vor der Reife in eine Vase (Zinkblech, Bronze) stellen oder in gemischte Sträuße einbinden. Sogar Würzkräuter und Gemüse wie beispielsweise die Blätter von rotem Mangold oder jungem Rhabarber wirken in Sommersträußen interessant und ungewöhnlich. Zu roten Blumen und duftenden Kräutern kann man als kulinarischen Akzent Pfefferoni oder kleine Paprika einbinden. Zur Erntezeit im Spätsommer und Herbst explodiert dann der Garten in seiner Fülle an Farben und Formen. Kürbisse

Lederleitner-Tipp | 17

### Winterdeko

*Die Fensterbretter außen am Haus sehen im Winter meist traurig und verlassen aus. Die Sommerblumen im Kistchen sind entweder verblüht oder sie überwintern im Keller. Wer auch in den Wintermonaten vor seinen Fenstern grünes Leben sehen will, pflanze im Herbst, wenn die Sommerblumen eingeräumt werden, unter Zugabe von frischer Erde kleine Buchsbäumchen (Buxus sempervirens „Blauer Heinz") in die Fensterkistchen. Kugelig geschnittener Zwergbuchs ist den ganzen Winter über frisch und grün, silberne Rosenkugeln dazwischen beleben die kleinen Buchskugeln.*

*Etwas avantgardistischer wirkt eine Kisterlbepflanzung mit Zwergbambus (Pleioblastus pygmaeus distichus) oder niederem Blauschwingelgras (Festuca glauca).*

< | **GEGENÜBER LINKS:** Die ganze Leuchtkraft des Spätsommers und alle Düfte seiner letzten Blüten vereinen sich in solch goldenen Buketts, sozusagen als letzten Gruß vorm Winterschlaf.

< | **MITTE & OBEN:** Eingebettet in eine sanfte Landschaft ist der Garten bei jedem Wetter auch ein wunderbarer Spielplatz für Hubertus und Anna.

*(Cucurbita)*, deren Vielfalt jährlich immer mehr zunehmen eignen sich nicht nur als Suppenterrinen, sondern auch ganz wunderbar als Blumenvasen. Einfach oben einen Deckel wegschneiden, mit einem scharfen Messer das Fruchtfleisch herausholen und dabei darauf achten, dass der Kürbis nicht verletzt wird – et voilà, schon hat man ein vielseitig einsetzbares, attraktives Gefäß, das in der Mitte eines rundes Esstischs, gefüllt mit Weinblättern und verschiedenfarbigen Herbstastern sehr anregend aussieht.

Wer beim Aussuchen von Rosensträuchern etwas weiter denkt als nur an die Sommerblüte, wird solche Rosen aussuchen, die auch interessante Hagebutten bilden. Büschelig winzig oder ganz groß, in Orangerot bis fast Braun sorgen die Früchte der Rosen im Winter für Farbenfreude. In den Advent- oder Türkranz gebunden, in dicke Tuffs in Krüge gesteckt oder einfach als Zweige auf ein Tablett gelegt, mit einer Kerze oder einem Teelicht dazu, bringen sie optische Wärme in die kalten Monate des Jahres.

**> | DIESE SEITE:**
Der kleinste Anlass wird zum Fest mit frischen Blumen auf dem Tisch. Blüten und Knospen brauchen weniger Platz als aufwendige Arrangements und sie verbreiten immer ihren eigenen Zauber.

**> | GEGENÜBER UNTEN:**
Die zwischen farbig passende Kerzengläschen gestreuten Zieräpfel sind dekorativ und wachsen im Herbst vor der Haustür. Die netten Früchtchen sind in Räumen mit niederen Temperaturen wie Hausflur oder Diele lange haltbar.

JEDE STUNDE, JEDER TAG, JEDER MONAT HAT SEINE BLUMEN.

^ | **OBEN LINKS:**
Landhausflair verbreitet das blaue Geschirr mit seinem Blumenmuster. Ein Körbchen mit Rittersporn sieht dazu richtig appetitanregend aus.

^ | **OBEN RECHTS:**
Weiß ist immer richtig. Ob ländlich schlicht oder moderne Eleganz, weiß gedeckte Tische bleiben immer in Mode. Und die weißen Rosen dazu wachsen am Gartenzaun.

DAS WAHRE GEHEIMNIS DES GÄRTNERS IST

GANZ EINFACH ...

... DIE LIEBE ZUM GARTEN

# REGISTER

# BUCHTIPPS & INTERNETADRESSEN FÜR GREENFINGERS

## BÜCHER FÜR GARTENLIEBHABER – VOM PRAXISTIPP BIS ZUR UNTERHALTUNG

**Gartenpflanzen** – ***Praxis-Handbuch***, Rosa Wolf, BLV: München 2000
**Das große Buch der Garten- und Landschaftsgehölze**, Hans-Dieter Warda, Prull: Oldenburg 2002
**Botanica** – ***Das ABC der Pflanzen. 10 000 Arten in Text und Bild***, Gordon Cheers (Hrsg.), dt. Ausgabe Könemann: Köln 1998
**Das Gartenjahr** – ***Projektideen für jeden Monat***, Ian Spence, Dorling Kindersley: London o.J.
**Rasenprobleme erkennen und beheben**, Alice Thinschmidt u. Daniel Böswirth, Ulmer: Stuttgart 2002
**Wassergärten** – ***Sprudelnde Steine und stille Teiche***, Alice Thinschmidt u. Daniel Böswirth, Ulmer: Stuttgart 2001
**Der Biogarten**, Marie-Luise Kreuter, BLV: München 2001
**Die heimlichen Geliebten des Gärtners** – ***Über 500 ungewöhnliche Pflanzen für alle, die das Besondere suchen***, Jane Taylor, DuMont: Köln 1998

**Einzug der Gräser und Farne in die Gärten**, Karl Foerster,
Ulmer: Stuttgart 1998

**Colour in your garden**, Penelope Hobhouse, Lincoln Ltd.: London 2003

**Freude und Ärger im Garten – Ein Lesebuch**, Karl Foerster,
Ulmer: Stuttgart 2001

**Gärten am Reiseweg**, Marianne Beuchert, Insel: Frankfurt 1997

**Schnellkurs Gartenkunst**, Michaela Kalusok, DuMont: Köln 2003

## ANREGUNGEN FÜRS GRÜNE SURFEN DURCHS WORLD WIDE WEB

### GARTEN-INFOS

**www.gartenlinksammlung.de**
Private Linksammlungen und Veranstaltungskalender

**www.gardenweb-europe.com**
Portal mit Infos und Adressen

**www.gruenanzeiger.de**
Anzeigenmagazin

### LIEBHABERVEREINE

**www.rhs.org.uk**
The Royal Horticultural Society

**www.gds-staudenfreunde.de**
Gesellschaft der Staudenfreunde e.V. in Beindersheim

**www.pomologen-verein.de**
Alles über alte Obstsorten

**www.dggl.org**
Deutsche Gesellschaft für Gartenkunst & Landschaftskultur

**www.wassergarten.de**
Gesellschaft der Wassergartenfreunde

**www.naturimgarten.at**
Aktivitäten des Niederösterreichischen Umweltbüros

### SCHAUGÄRTEN

**www.nationaltrust.org.uk**
**www.bingerden.com**
**www.hex.be**
**www.offenergarten.de**
**www.kamptalgaerten.at**
**www.bgbm.org**
**www.hobbie-rhodo.de**
**www.esveld.nl**
**www.mienruys.nl/tuinen/index.html**
**www.stift-seitenstetten.at**
**www.arche-noah.at**

### GARTENREISE

**www.gardenvisit.com**

### VERANSTALTUNGEN

**www.freisingergartentage.de**
**www.jardin.at**
**www.gartenfestival.de**
**www.marienschloessl.at**
**www.ippenburg.de**
**www.gartenzauber.com**

### GARTEN-SPEZIALITÄTEN

**www.sarastro-stauden.com**
Raritäten, Alpenpflanzen, Neuheiten

**www.huben.de**
Viele Sorten Buchsbaum

**www.graefin-v-zeppelin.com**
Traditionsreiche Staudengärtnerei – Schwertlilien/Taglilien

**www.staudengaissmayer.de**
Stauden, Rosen, verschiedenste Veranstaltungen

**www.lederleitner.at**
Zitrusspezialitäten u.a. Exoten, umfangreiches Sortiment an Kübel- u.a. Pflanzen, Outdoor/Indoor- Accessoires

**www.hostalavista.de**
Funkienspezialist

## GANZ HERZLICH DANKESCHÖN

sagen wir allen, die uns bei diesem Projekt unterstützt haben.

Zuerst einmal all den freundlichen Gartenbesitzern, die uns immer wieder ihr Gartentürl öffneten: Muehh & Kurt Graf, Ursula Haller, Andrea Haumer, Brigitte & Felix Krommer, Inge Kula, Gerti Martinek, Familie Schalk, Werner Schalk, Roland Stifter, Ulf Sommer, Moni Winter und Susanne Wolf.

Für familiäre Hilfestellung danke an Gabi Lederleitner und Alfred Wegerer; danke an Anna und Hubertus fürs Statieren; danke für Auskünfte und Informationen an Jutta Beer, Margit Benes-Oeller, Monika Siegl und Susanna Sticker; danke an Christian Brandstätter und Elisabeth Hölzl für das Vertrauen; danke an Astrid Göttche für ihr schon symbiotisches Lektorat; danke an Christoph Kaiser für die wunderbare graphische Gestaltung unserer grünen Vorstellungen!

Danke, danke, danke an Simone Andress und ihre besondere Sensibilität für den Blick in die Gärten!

*Ruth Wegerer & Markus Lederleitner*

# IMPRESSUM

Die Deutsche Bibliothek – CIP-Einheitsaufnahme
Ein Titelsatz für diese Publikation ist bei Der Deutschen Bibliothek erhältlich.

1. Auflage

Graphische Gestaltung: Christoph Kaiser, C21 new media design, www.c21.at
Technische Betreuung: Franz Hanns
Lektorat: Astrid Göttche
Reprografie: Pixelstorm Kostal & Schindler OEG, Wien
Druck und Bindung: Delo tiskarna, Ljubljana



ISBN 3-85498-326-3

Christian Brandstätter Verlagsgesellschaft m.b.H.
A-1015 Wien, Schwarzenbergstraße 5
Telephon (+43-1) 512 15 43-0, Telefax (+43-1) 512 15 43-231
E-Mail: cbv@oebv.co.at, www.brandstaetter-verlag.at

# BILDNACHWEIS

Archiv Lederleitner: S. 60, 67 li., 73 (3), 78 li., 79, 83, 85, 101, 107 o. & u., 118 li., 122 re.
Simone Andress: Cover, S. 8/9, 10/11, 12, 13, 14, 15 re., 17, 20, 22, 24, 25, 26, 27 li. & re., 31 o. & u. re., 34, 57, 58 li. & re., 59, 61 li., 63 li. & re., 64, 66, 67 re., 68/69, 70, 71, 72 li. & re., 73 (4 & 5), 74, 75, 78 re., 82, 84 li. & re., 88/89, 90 (1 & 5), 91, 92, 93 li. o. & u., 94 li. & re., 95 o., 97, 98 li. & re., 99 re., 100, 102 alle, 103 o. & li. u., 104 li. & re., 105, 106, 107 m., 108 re., 109, 110/111, 112, 113 alle, 114 (1 & 5), 115, 117, 118 m. & re., 119, 121 li. & re., 122 li. o. & u., 123, 124 li. & re., 125, 126, 127 li. o. & re., 128/129, 130 alle, 131, 132 li. o. & u., 133 o., 134, 135 alle, 137, 138 li. & re., 139 li. & re., 140 li. & re. o., 141 li. & re., 142, 143, 144 li. & re., 145 li. & re., 146 alle, 147, 148, 149 alle, 152, 158 m.
Helmut Ebner: S. 1, 6/7, 18, 19, 21, 23 o. & u., 28/29, 31 u. li., 32/33, 35, 37, 38, 39 li. & re., 40, 41, 42, 43 li. & re., 44, 45, 46 alle, 47, 48/49, 50, 51 re. o. & u., 52 li., 53, 54, 55 alle, 61 re., 62, 65, 80 li., 86 li. & re., 87 li. & re., 90 (3 & 4), 120, 133 u.
Inge Prader: S. 2, 3, 5, 15 li., 30, 52 re., 77, 80 re., 81, 93 re. o. & u., 95 u., 99 li., 103 re. u., 108 li. & m., 114 (2 & 4), 132 re. o., 140 re. u., 150, 151, 153, 158/159
Monika Siegl: S. 51 li. o.
Ruth Wegerer: S. 127 u.